满意的密码

成城石井的创业策略

[日]石井良明 著　魏海波　赵静玮 译

上海远东出版社

图书在版编目（CIP）数据

满意的密码：成城石井的创业策略/（日）石井良明著；魏海波，赵静玮译. ——上海：上海远东出版社，2019
（走进日本）
ISBN 978-7-5476-1518-8

Ⅰ.①满… Ⅱ.①石… ②魏… ③赵… Ⅲ.①超市—商业管理—经验—日本 Ⅳ.①F717.6

中国版本图书馆CIP数据核字(2019)第149910号

图字：09-2019-230号
SEIJOISHII NO SOGYO
Copyright © YOSHIAKI ISHII 2016
All rights reserved.
No reproduction without permission.
Original Japanese edition published by NIKKEI PUBLISHING INC., Tokyo.
Chinese (in simple character only) translation rights arranged with NIKKEI PUBLISHING INC., Japan through Bardon-Chinese Media Agency, Taipei.

责任编辑 王 杰 王 皓
封面设计 李 廉

满意的密码
成城石井的创业策略
[日]石井良明 著
魏海波 赵静玮 译

出 版	上海远东出版社
	(200001 中国上海市钦州南路81号)
发 行	上海人民出版社发行中心
印 刷	上海信老印刷厂
开 本	890×1240 1/32
印 张	6.25
字 数	147,000
版 次	2019年11月第1版
印 次	2019年11月第1次印刷

ISBN 978-7-5476-1518-8/F·644
定 价 38.00元

"走进日本"丛书编委会

主　　编　雪晓通
执行主编　魏海波
编　　委　彭　宪　杨本明　马利中
　　　　　陈祖恩　常　庆　章小弘
　　　　　邓　明　李玉红　胡玉华

总序

关注日本　研究日本

卢明明

打开世界地图，在中国的东北方向有个由一连串大小迥异的岛屿构成的国家，它既是我们两千余载的近邻，又是一百来年的宿敌。

一、中国如何看日本

倘若有兴趣上网搜索一下古今中外要人对日本的评价，会发现如下信息：

> 大清康熙皇帝曰："倭子国，最是反复无常之国。其人，甚卑贱，不知世上有恩谊，只一味慑于武威……"
> 法国孟德斯鸠云："日本人的性格是非常变态的。在欧洲人看来，日本是一个血腥变态、嗜杀成性的民族。日本人顽固不化、任性作为、刚愎自用、愚昧无知，对上级奴颜婢膝，对下级凶狠残暴。日本人动不动就杀人，动不动就自杀。不把自己的生命放在心上，

更不把别人的生命放在心上。所以，日本充满了混乱和仇杀。"

法国戴高乐总统谓："日本，这是一个阴险与狡诈的残忍民族。这个民族非常势利，其疯狂嗜血程度类似于欧洲中世纪的吸血鬼德库拉，你一旦被他看到弱点，喉管立即会被咬破，毫无生还可能。"

美国富兰克林·罗斯福总统称："日本民族是有史以来我见过的最卑鄙、最无耻的民族。"

巨富约翰·D·洛克菲勒说："日本人除了复制别国科技外一事无成，它何曾独立为世界文明作过贡献？充其量只是个工匠型的二流民族而已。"

据日本《朝日新闻》2016年5月3日报道，公益财团法人新闻通信调查会对外公布其在美国、中国、韩国、英国、法国及泰国共6个国家所实施的"有关日本媒体舆论调查"，结果显示，中国受访者对日本的负面和正面看法分别为90%和5%。

每逢"九一八""七七"等中国的国耻日、纪念日，以及中日两国因钓鱼岛问题发生纠纷时，大批中国民众会异常激愤地在网上对日本口诛笔伐。

不言而喻，中国人民在与日本的战火中备受戕害。战后，中日两国在20世纪70年代恢复邦交后，曾一度建立起相当密切的交往合作关系。遗憾的是，两国关系近年来发生逆转，持续低迷。

从我们的历史记忆和现实视野中，对于这个国土窄小但具有能量的国家，似应注意到这样两个侧面：

一面，因为与清、俄两回格斗，自战胜而狂，悍然撕咬亚洲各国，并在整个世界恣肆掀动腥风血雨，四邻皆成深仇大恨。

一面，由于吞虎吞象，一朝摧折，缘战败而强，决然革新体制结构，激励全体国民迅捷复兴社会经济，一跃而为经济强国。

对于日本这个中国长久的近邻和曾经的宿敌，我们理应格外关注和深入研究。要注意的是，日本绝不是能用唾沫淹之的"蕞尔小国"。

知己知彼不仅是战场、商场斗争的必要条件，也是人际、国际交往的基本前提。事实上，迄今为止，我们对这个国家的认知，似可以一言蔽之：眼中茫昧，梦里依稀。

众所周知，中国知有日本乃始于《山海经》，以后历代正史大多设有日本传记；至明清，叙述稍详。但所有这些著录，都不免停滞在浅表层面。恰如陈舜臣先生所言："过去中国人了解日本，主要是从旅行者、九州古代政权的使者等那里听来的，不论是关于理论还是关于现实，都是很遥远、很朴素的传闻。"

直至近现代，自黄遵宪的《日本国志》、戴季陶的《日本论》、王芸生的《六十年来中国与日本》、蒋百里的《日本人：一个外国人的研究》等寥若晨星的专著问世，才开始改变中国人对日本"知其一不知其二，见其外不识其内"的粗略认知。

作为戊戌变法重要参与者的黄遵宪，堪称高度关注、系统研究日本的中华第一人。他就任驻日参赞官期间，亲见明治维新通过一系列制度改革而致日本神速富强的事实，"乃信其改从西法，革故取新，卓然能自树立"。因此，黄遵宪花费八九年时间，精心编写了以介绍制度为主的《日本国志》，以"质之当世士夫之留心时务者"，纠正国人对日本的模糊观感。

他所写的《日本国志》共40卷、50余万字，分"国统""邻交""天文""地理""职官""食货""兵""刑法""学术""礼俗""物产""工艺"等十二志，书中对明治维新的相关内容记述颇详。全书除"国统""职官""邻交""学术"等志略述古代内容外，其余八志全部记载明治维新历史。书中以"外史氏曰"的方式来阐述黄遵宪自己对这场变革的研判，且推及中国。

但因清廷高层颟顸，黄遵宪《日本国志》一书的出版搁置十年之久，迨至甲午战败才得以问世。梁启超因之甚为痛惜，认为倘《日本国志》能及时出版，就不至"令中国人寡知日本，不鉴，不备，不患，不悚，以至今日也"。

此书甫一出版，洛阳纸贵，广受热捧，在戊戌变法时期对光绪皇帝及朝野维新人士影响甚巨，一时间引发了学习日本的思潮；不少人甚至倡言聘用伊藤博文担任朝廷改革顾问，贵州举人傅夔干脆奏请"留伊藤为相，以行新政"。

后来，尽管发生了戊戌政变，以慈禧为核心的清朝统治集团对于明治维新的兴致却不稍衰减。1905年，为缓解统治危机，清廷想效仿君主立宪，派出两个高级代表团，分别前往欧美和日本等国考察政治，立宪派重要代表、镇国公爱新觉罗·载泽率团亲赴日本考察立宪制度。直到清朝结束统治，这波高潮才渐消退。

十几年后，留学、旅居日本多年的戴季陶认为"鉴于中国人对于日本，总抱着一个'我们是文化的先进国'的历史心理"，所以"对于日本的社会，观察错误和判断错误，很普遍的"。他警醒国人："你们试跑到日本书店里去看，日本所做关于中国的书籍有多少？哲学、文学、艺术、政治、经济、社会、地理、历史各种方面，分门别类的，有几千种。每一个月杂志上所登载讲'中国问题'的文章，有几百篇。参谋部、陆军省、海军军令部、海军省、农商务省、外务省、各团体各公司派来中国长驻调查或是旅行视察的人员，每年有几千个。单是近年出版的中国丛书，每册在五百页以上，每部在十册以上的，总有好几种；一千页以上的大著，也有百余卷。'中国'这个题目，日本人也不晓得放在解剖台上解剖了几千百次，装在试验管里化验了几千百次。"他嗟吁："我们中国人却只是一味地排斥反对，再不肯做研究工夫。"戴季陶为此奋笔撰成《日本论》，从宏观角度揭示日本的文化传统与社会性格，并从具体的神学理论、军政大佬个性、外交关系事件等微观角度进行剖析。

1937年8月，民国时期著名军事学家蒋百里撰写了《日本人：一个外国人的研究》，严厉批判日本民族是"一个原来缺少内省能力、缺少临时应用能力的急性的民族""原是崇拜外国人的"，但也认可其"很能研究外国情形。有许多秘密的知识，比外国人自己还丰富"，最后引用一位德国长者的告诫"胜也罢，败也罢，就是不要同他讲和"。

由此以降，斗转星移，相似成果，不复见矣。

近年来，虽有中国学者文人撰写若干介绍、研究日本的著述，但仍显管窥蠡测之陋、凤毛麟角之稀。

二、其他国家如何看日本

至今,对日本研究最为透彻的国家首推美国,其中有两位专家影响最大,即露丝·本尼迪克特和埃德温·赖肖尔。

第二次世界大战临近尾声时,为制定对日最后决策,美国政府动员各方专家研究日本,提供资料和意见,其中包括人类学家本尼迪克特。她根据文化类型理论,运用文化人类学方法,把战时拘禁在美国的日本人作为调查对象,同时参阅大量书刊和日本的文学、电影,完成报告。其结论是:日本政府会投降;美国不能直接统治日本;要保存并利用日本原有的行政机构。1946年,她将自己的研究成果整理出版,取名《菊与刀》,向世界全方位介绍日本的历史、文化、民俗、宗教和制度,旨在"为了对付敌人的行动,我们必须要理解敌人的行为""我们必须努力弄清日本人的思想、感情的脉络以及纵贯这些脉络之中的特点和规律,了解他们在思维和行动的背后所隐藏的强制力"。

接着,长期批评美国政府对亚洲文化特别是日本文化陷于无知泥淖的学者赖肖尔连续发表学术著作,不时举办教育讲座,以促进美国对日本文化的了解。后来,约翰·肯尼迪总统任命他为驻日大使。赖氏在任期内获得了巨大成功,有效增进了美日两国的关系。

赖肖尔在这方面的研究成果有同费正清合著的《东亚:伟大的传统》(1960年),以及《日本:一个民族的故事》(1970年)、《日本人》(1977年)和《1907—1982年的日本社会》(1982年)等。

在这些研究者眼中,日本人和日本文化具有相当的独特性。

一方面,"日本人围绕着禅宗形成了一整套系统的审美观点,这些思想观念成为日本文化的永恒因素。日本人认为纤细、简单、自然乃至畸形怪状,比庞大、壮观、造作和整齐划一珍贵";另一方面,"日本人生性极其好斗而又非常温和,黩武而又爱美,倨傲自尊而又彬彬有礼,顽梗不化而又柔弱善变,驯服而又不愿受人摆布,忠贞而又易于叛变,勇敢而又懦怯,保守而又十分欢迎新的生活方式。他们十分介意别人对自己的行为的观感,但当别人对其劣迹毫无所知时,又会被罪恶所征服。他们的军队受到彻底的训练,却又具有反抗性。"

具体而言,表现在这样几个方面。

1. 文化素质方面

(1) 善于学习

"他们保留了自己的文化特性,而且还显示出他们确实是一个具有非凡创造能力的民族";他们"一贯重视非物质资源""善于吸取别国的先进技术和文化"。

(2) 崇尚教育

日本人从一开始就非常重视基础教育,从而确立了牢固的民族国家和高等教育的基础;"是世界上受到最优秀教育的民族"。

(3) 遵从集体

日本人具有酷爱成群结队的天性,"集团主义是日本民族的性格特征";他们"建立了对于小团体和整个国家都非常珍贵的团结。日本企业的成功极为依赖这种团结,而集体意识是日本民族力量的核心"。

为了使团体制度成功地运转，日本人认为应该明智地避免公开对抗。为避免冲突并维护集体团结，日本人广泛运用中间调停的办法，"尽量减少直接竞争的做法贯穿于日本人的全部生活"。所以他们不喜欢打官司，宁愿接受仲裁和妥协，"诉诸法庭是走投无路的办法"。

(4) 重视等级

日本人认为等级制度是天经地义的，身份地位举足轻重，但是阶级意识和实际的阶级差别极其单薄和微弱。他们对等级制的信赖是基于对个人与他人以及个人与国家之间的关系所持的整体观念，但并非无条件地承认等级制的优越，习惯运用一些明确的手段以调节制度，使之不致破坏公认的常规。

在家庭以及人际关系中，年龄、辈分、性别、阶级决定着适当的行为。在政治、宗教、军队、产业等各个领域都有十分周到的等级划分，无论是上层还是下层，一旦逾越其特权范围，必将招致惩罚，充分体现了"各得其所，各安其分"的信条。

同样，日本人在看待国际关系的全部问题时，也都带着等级制的观念。

(5) 讲求修养

日本式的教养要求任何动作都要文静，每一句言辞都要符合礼貌。自我修养的概念大致可分为两类：一类是培养能力，另一类则不仅培养能力，而且要求更高，日语称之为"圆熟"，是指在意志与行动之间"毫无障碍，纤发悉除"的体验，它使人们能够最有效地应付任何局面，用力不多不少，恰如其分，能使人控制恣意妄为的自我，不躁不乱，无论是遇到外来的人身危险还是内心的激动，都不会失去镇定。

在日本，孩子要在家里学习礼仪并细致地观察礼仪。母亲背着婴儿时就要用手摁下婴儿的头，教其懂礼节。幼儿摇摇晃晃会走路时，要学的第一课就是尊敬父兄。妻子要给丈夫鞠躬，孩子要给父亲鞠躬，弟弟要给哥哥鞠躬；女孩子则不论年龄大小，都要向哥哥和弟弟鞠躬。

(6) 通达应变

"日本已经证明自己是一个生机勃勃、充满活力、能适应快速的有目的的变化的民族"，对于变化着的外部局势的反应极其敏锐，能迅疾判断形势，把握时机，迎接挑战；"一旦他们选择了一条路就会全力以赴，如果失败了，就顺理成章地选择另一条路"，他们认为采取了某个行动方针却未能实现目标，就会把它当作失败的主张加以抛弃。

2. 道德素质方面

日本人的人生观表现在他们的"忠、孝、情义、仁、人情"等德行规定之中。他们认为，"人的义务的整体"就像在地图上划分势力范围一样分成若干领域。用他们的话来说，人生是由"忠的世界""孝的世界""情义的世界""仁的世界""人情的世界"及其他许多"世界"组成的。

(1) 忠君守法

日本人"忠"的对象转向具体的人，且特指天皇本人。从丧葬到纳税，税吏、警察、地方征兵官员都是臣民尽忠的中介。

1945年8月14日日本投降时，日本人的"忠"向全世界展示了。在天皇尚未宣布投降之前，反对者们围住皇宫，试图阻止停战诏书的宣布；但诏书一旦宣布，他们就全都服从了。

(2) 行孝敬祖

日本的"孝道"只局限于家庭内部，充其量只包括父亲、祖父，以及伯父、伯祖父及其后裔，其含义就是在这个集团中，每个人应当确定与自己的辈分、性别、年龄相适应的地位。孝道是必须履行的义务，其中甚至包括宽待父母的恶行或失德。

日本人的祖先崇拜只限于记忆中的祖先。祖先墓碑上的文字每年都要见新，若是已无记忆的祖先，其墓碑就无人过问，家里佛龛上也没有他们的灵位。日本人注重的，是现时现地。

(3) 重义推诚

"在日本，'义'是靠承认一个人在互欠恩情这张巨网中的适当地位来维持的，这张网既包括其祖先，也包括其同代人。"

日本人对老师、主人负有特殊之义，因为他们都是帮助自己成长的人，对自己有恩，所以将来也可能在老师、主人等有困难时答应他们的请求，或对他们身后的亲属给予特别照顾。人们必须不遗余力地履行这种义务，而且这种恩情并不随着时间流逝而减轻，甚至时间越久，恩情越重，形成一种"利息"。所以日本人不喜欢随便受恩而背上人情债。

在日本，自尊心是与报答施恩者联系在一起的，人们把不能报恩的人视为"人格破产"之人。

在道德方面，日本人强调"诚"，它"是指热诚地遵循日本道德律和日本精神所指示的人生道路"。"诚"这个词经常用来赞扬不追逐私利的人，也经常被用来颂扬不感情用事的人。

(4) 知耻自律

日本人把羞耻感纳入道德体系之中。不遵守明确规定的各种善行标志,不能平衡各种义务,或者不能预见偶然性的失误,都是耻辱。他们认为,知耻为德行之本,任何人都须注意社会对自己行动的评价。他们须推测别人会作出何种判断,并针对别人的判断调整行为,其"共同特点是以操行毫无缺陷而自傲"。

他们热衷于自律和磨练毅力;日本人说的"自重",意思是自我慎重,自重也常常意味着克制。

再有,面对无法完成的复仇目标,日本人往往会倾向于毁灭自己,以"保证尊严和荣誉不被践踏"。

(5) 适情享乐

他们追求享乐,尊重享乐,但享乐又必须恰如其分,不能侵入"人生重大事务",不能把享乐当作严肃的生活方式而纵情沉溺。他们把属于妻子的范围和属于性享乐的范围划得泾渭分明,两个范围都很公开、坦率。

3. 心理素质方面

(1) 感情深沉

他们尽可能地掩藏自己的感情,无论喜怒哀乐,都尽量对人笑脸相迎。

(2) 坚韧不拔

日本人既有一种宿命论的思想,承认自然界可怕的威慑力量,也有一种坚强的毅力,在灾难发生后重振旗鼓、发愤图强。一个由自制自律而又意志坚强的个人组成的社会能产生一种动力,据此可以解释这个民族所展现出的奋斗精神和雄心壮志。

(3) 冒险挑战

他们崇尚武力，热情洋溢，激动好斗，骨子里带有天然的侵略性。

(4) 谨小慎微

日本文化反复向人们的心灵深处灌输谨小慎微，轻易不结交新朋友；但一旦成为朋友，友谊也能牢固地保持下去。

日本人的精神高度紧张，唯恐失败，唯恐自己付出巨大牺牲后从事的工作仍不免遭人轻视。他们有时会爆发积愤，表现为极端的攻击行动。

4. 劳动素质方面

他们勤奋工作，能充分地利用每一平方英尺的可耕地，绝不浪费一点点土地。

5. 身体素质方面

他们很重视锻炼，其传统包括最严酷的冷水浴。这种习惯往往被称作"寒稽古"（冬练）或称"水垢离"（用冷水洗身锻炼）。至20世纪80年代，日本已成为世界上平均寿命最长的国家。

综上所述，日本民族实在是个具有诸多特色的民族。

三、研究、学习和超越

多数国人也许并不知道，在戊戌政变期间和辛亥革命前后，日本政要及民间人士曾经资助过中国的维新派与革命派人士。

1898年9月21日，慈禧太后重新"临朝听政"，立即下令逮捕康氏兄弟等维新派官员。梁启超前往日本使馆请求避难，日本公使林权助请示伊藤博文首相，伊藤指示："那么就救他吧，救他逃往日本。如至日本，由我来照顾他。梁这位青年，对中国来说，实在是宝贵的人物。"林于是将梁秘密送往日本。不久，康有为、黄遵宪等人亦在伊藤等的帮助下，先后到日本避难。之后，伊藤还应英国公使要求，亲往李鸿章宅邸，为已经被捕的维新派官员张荫桓求情。

孙中山在日本期间，也多次受到日本方面的援助。1913年8月，孙中山等革命党人避难日本，袁世凯曾向日本方面提出过驱逐孙的要求，遭到婉拒。正是在日本政府的着意庇护之下，孙中山才得以同日本各大财团、民间人士、浪人组织以及军部、参谋本部人士进行广泛联络，以筹措资金，组织人员，整合力量。于是乎，日本一度成为中国革命党培养、酝酿革命力量的基地。

审视日本近一个半世纪以来的发展历程，不能不认识到，正是明治维新为这个国家走向近代化和现代化、自立于世界奠定了厚实的基础，提供了巨大的动能，造就了优异的禀赋。

从这场改变日本国运的改革浪潮中，我们应能发现这个国家所拥有的素质。

第一，奋迅灵动的学习素质。

正如赖肖尔所言，日本人"对于中国，对于其他民族，从未丧失过研究的兴趣，也从未停滞过研究、思索的步伐。他们的做法是：研究、学习，然后超越"。他们尊奉"不耻效人，不轻舍己"的学习观，既勤于模仿别人，又善于在学习、吸收外国文化的同时保持自身的文化个性，亦即"能合欧化汉学熔铸而成日本之特色"。

戴季陶指出，日本明治维新的建设"并不是靠日本人的智识能力去充实起来，而是靠客卿充实起来的。军队是德国人替他练的，军制是德国人替他定的。一切法律制度，在最初一个时代，差不多是法国的波阿索那德顾问替他一手造起的。然而指挥、统制、选择、运用，都是在日本人自己"。

相反，几乎在同一国际背景下，且先于日本启动的、以学习和引进西方长技为中心的清朝洋务运动，则继承了中国历代大一统专制王朝僵化的文化、政治基因，"畏天命，畏大人，畏圣人之言""法先王""遵守祖宗旧制"，束缚于"中学为体，西学为用"的桎梏之中，"一切政教风俗皆不敢言变更"。李鸿章等重臣偏狭肤浅地以为，"中国文武制度，事事远出西人之上，独火器万不能及。……中国欲自强，则莫如学习外国利器；欲学习外国利器，则莫如觅制器之器，师其法而不必尽用其人"。倒是通商大臣张树声看得比较透彻，他认为西方国家"育才于学堂，论政于议院，君民一体，上下同心，务实而戒虚，谋定而后动，此其体也。轮船火炮，洋枪水雷，铁路电线，此其用也。中国遗其体而求其用，无论竭蹶步趋，常不相及，就令铁舰成行，铁路四达，果足恃欤"。

光从西方引入"战舰之精""机器之利"等细枝末节，忙活了三十来年的"同光新政"，终于免不了"掘井九轫而不及泉，犹为弃井也"的结局。

第二，通达务实的体制素质。

胡汉民在为戴氏《日本论》所写的序中曾这样评议："日本之一大飞跃，只是指导者策划得宜。地球上任何邦国，没有像日本指导员和民众两者间智力教育、思想、伎俩悬隔之大的,而能使治者与被治者之间无何等嫉视、不缺乏同情。就是指导者策划实施一切得宜,他们遂能成就此之当世任何大政治家毫无逊色的大事业。"

明治时期,日本建立了国会。从那时起,日本政府就已形成"由集团而非个人进行领导的优秀传统","从来没有出现过独裁者,也从来没有人企图攫取这种权力","对独裁权力乃至领袖权威的反感和对群体合作的强烈偏爱,构成了日本政治遗产的特征"。领导人"总是组成一个集体,轮流负责各种行政事务","日本人不是在高层由个人决策,而是同部属进行广泛的非正式协商,产生一致意见","他们也明白,国家不能只局限于政府少数人的专制"。吉田茂表示:"明治时期的领导者们以天皇为中心,从自己强烈的责任感出发,保存了决定权,尤其关心如何来吸取国民的活力并如何加以运用。"

1868年,明治天皇颁布了"五条誓文":"一、广兴会议,万机决于公论;二、上下一心,盛行经纶;三、文武一途以至庶民,各遂其志,人心不倦;四、破旧有之陋习,基于天地之公道;五、求知识于世界,大振皇基。"明确宣示了整个国家管理的准则。

回看中国的专制政权,其任何关键决策必须恭请圣谕、圣旨,惟蛰居深宫大院的最高统治者马首是瞻。这种决策体制的问题在于:因"天泽极严,君臣远隔","自内而公卿台谏,外而督抚,数百十人以外,不能递折",故"虽有四万万人,实数十资格老人支柱掩塞之而已"。身处权力中心的最高决策者凭借这样的信息通道,根本无法及时、准确地了解国家的真实情况,以致"民之所欲,上未必知之而与之也;民之所恶,上未必察之而勿之施也"。民众企盼"英明"决策,无异于缘木求鱼!而且,因群臣百姓不敢"妄议朝政",在决策的实施过程中,对目标的偏离不仅得不到迅速纠正,反而会不断加强,直至出现重大失误后才有可能被最高决策者感知,于是引起社会震荡。

如赖肖尔所见,日本人从过去的遗产中得到的"重要的政治财富,是政府具备伦理道德基础的强烈意识"。

应当承认,日本统治集团的抱负从不拘囿于政权利益,而是始终放眼于民族利益和国家利益。他们的战略目标是"看见必定要造成新的生命,然后旧的生命才可以继续;必定要能够接受世界的新文明,才能够在新世界中求生存;在国内的政治上,他更看得见一代的革命必定要完全为民众的幸福着力,必定要普遍地解放民众,才可以创出新的国家",旨在创造"为'人民的生活、社会的生存、国民的生计、群众的生命'而努力的历史"。

并且,这种统治理念和施政行为已被广大日本国民所理解和接受,实现"上下同欲"。正因如此,一百多年间,无论经济、政治、军事如何跌宕起伏,日本整个国家总能"上下一心"、全力以赴。

反观顾盼自雄的清朝,其重大举措罔顾民族、民生休戚,始终只为专制统治服务。

在甲午战争中,清廷一方面通过加征税赋维持军费,另一方面却不惜动用国库,耗费巨额银两为慈禧太后修园祝寿;参战清军治疗伤病的费用和营养费竟要个人承担,战地医疗无法保障。专制政权下,这种视百姓为草芥的愚民、殃民政策,怎么可能帮助清朝获取战场对决的胜券？

第三，睿智忠谨的精英素质。

首先是政治精英。据戴季陶考察，日本的改革"并不是由大多数农民或者工商业者的思想行动而起的，完全是由武士一个阶级发动出来的事业。开国进取的思想固不用说，就是'民权'主义，也是由武士这一个阶级里面鼓吹出来的"。

明治时期，一大批年轻的政治家、军事家和实业家得以进入政府决策集团。当16岁的睦仁天皇登基时，木户孝允、大久保利通、西乡隆盛等"明治三杰"的年龄分别为35岁、38岁、41岁，4位明治维新核心人物的平均年龄仅为32.5岁；其余骨干人物，如板垣退助、三条实美、岩仓具视、井上馨、山县有朋、大隈重信、大村益次郎、伊藤博文和陆奥宗光等，合计平均年龄为32.6岁。可以毫不夸张地说，日本整个国家的领导层是个"青年团"！联系古今中外列国历代的改革案例，统治集团的年轻化乃是不可或缺的成功条件。

道理很浅显，社会改革说到底是思维方式与行动方式的更新。虽说年龄层次较低者难免在经验上有缺陷，但其感觉、知觉相对敏锐，富于想象和创新，思维和行动能力强。在社会发生巨大变动、传统经验价值明显衰退的条件下，与年龄层次较高者相比，年轻人更能适应社会运动的快速节奏，所以在一切改革或革命中，他们成为运动主力和核心完全顺理成章。

明治政治精英"细心地在政治方面划清国家职能的领域，并在宗教方面划清国家神道的领域，把其他领域留给国民去自由行事。但是，那些他们认为直接同国家事务有关的统治权，作为新的等级制度的最高官员,是牢牢掌握在自己手中的",同时"在每一个活动领域中,无论是政治的,抑或是宗教的、经济的领域,明治政治家们都在国家和人民之间定下了各自所属的'适当位置'的义务"。而日本官僚群体的忠谨、效率和诚实精神,则充分保障了国家机器的平稳、高速运转。

其次是知识精英。吉田茂特别指出:"改革的顺利推进,不仅仅依靠完成明治维新的领导者们,还有一部分人也发挥了重要的作用,他们就是其后出现的知识分子。"这些知识分子生活在德川幕府时代末期,曾在幕府翻译部门担任职务,或者在各藩研究西方情况。他们没有参加过明治维新的工作,但是其中有像福泽谕吉那样从事近代化人才培养事业的人,也有像大隈重信那样担任着官职的人,还有些人像涩泽荣一一样进入了产业界。他们虽然从事着不同的工作,但是有着一致的主张,就是大胆引进西方技术和学习西方制度。

对比清朝,在政治精英和知识精英中能"放眼看世界"者凤毛麟角,即便有像伊藤博文那样有治理行动力、福泽谕吉那样有思想辐射力的人,也难成气候。

再次是实业精英。赖肖尔十分感慨:"许多发展中国家面临着日本曾经经历过的危机和灾难,但它们的领导人却以牺牲国民的利益为代价,在国外积累了大量的个人财富。但日本,无论是合法获得的还是非法掠取的利润,都没有被隐藏到国外安全的地方,也没有挥霍在摆阔气的浪费中。这些金钱被重新投资于日本或其他地区的有益的民族事业中了。"

进入21世纪,人类世界在日趋激烈的全面竞争中急速发展。

中国要复兴和驰骋，需要像日本那样敢于、善于向对手和敌人学习、借鉴，彻底改良和提升体制、精英和国民素质。

现在，一批20世纪80年代去日本留学的有识之士，正在为我们全面了解、深入研究日本这个近邻而系统地选择一批反映日本社会、经济、文化的书籍，编成"走进日本"丛书。出版有关日本政治、经济、文化、科技等的译著，正是中华民族亟需的一项事业。

戴季陶先生在八十多年前留言："要切切实实地下一个研究日本的工夫。他们的性格怎么样？他们的思想怎么样？他们的风俗习惯怎么样？他们国家和社会的基础在哪里？他们生活的根据在哪里？都要切实做过研究的工夫。要晓得他的过去如何，方才晓得他的现在是从哪里来的。晓得他现在的真相，方才能够推测他将来的趋向是怎样的。……总而言之，非晓得他不可。"

而今，这一期盼终于得到了践行。这是善举，也是盛举，更是壮举。我们拭目以待！

序章

曾有一位英国新闻记者说道："成城石井就是超市界的路易威登。"众所周知，路易威登是一个享誉世界的时尚品牌，自1854年成立以来，内部工匠以精湛的技艺将质量上乘的皮质制作成品质卓越的皮包，源源不断地向全世界的顾客提供各式各样、种类繁多的商品。同样，在食品行业，当人们提到成城石井，便会想到这是一家"无论何时，店里的东西永远都是那么好吃，绝对不会辜负顾客信任"的超市。

作为一个品牌，成城石井得到了众多消费者的赞赏，但是说实话，我的初衷并不是非要把它打造成一个品牌不可。比起费尽心思打造品牌，我自己有更看重的方面。说得更确切一些，我们发自内心地为顾客考虑，为使顾客满意做了很多努力，从而受到顾客的青睐，日积月累，一步步树立起了成城石井的口碑，最终建立起了成城石井这个品牌。起初，成城石井只是一个开在东京的一条叫作"成城"的小商店街上的小卖店。由于时代在改变，我们也顺势做出了各种各样的尝试和创新，并在这些尝试和创新中不断成长。在我们的心中，每一件商品都是我们献给客人的礼物，因此我们在包装上也下了一番工夫。在这条小小的街上，当人们看到成城石井的包装，甚至比手里拎着从高级百货店里买来的东西还要开心。正是因为这么多年来受到了那么多顾客的支持与好评，成城石井才能作为一个供应高质量商品的超市品牌为大家所知。

对于我们这些生意人来说，树立品牌的的确确会对销量有很大的推动作用。我知道有很多企业一直在摸索如何建立起一个响亮的品牌，并成功打进市场，但是这绝非容易之事。他们想尽了各种办法，花费巨大的预算，请有名的广告代理商或者营销公司来推广，但是以失败告终的例子仍然比比皆是。

我认为他们失败的主要原因就在于根本没有搞清楚品牌的诞生究竟取决于谁。在我看来，品牌是建立在良好口碑之上的。一个品牌的好坏，取决于顾客对它的评价，所以如果只是单纯靠做广告或宣传这些表面功夫的话，即使做得再漂亮，都不会达到期望中的效果。消费者每天都被动接受着"好厉害啊""这个真好吃啊"之类的广告语，甚至听到耳朵起茧。但是如果消费者并没能切实感受到这种"好"，那么这些商家也只是一厢情愿自说自话而已。只有当顾客对某个商家商品的品质和服务有了高度正面的评价，对企业和服务产生信赖时，一个优秀的品牌才会诞生。

说到这里，我就想讲一下成城石井这个品牌是如何一步一步建立起来的。当然，这其中包含了各种各样的要素，但说到底，我认为重点在于我们始终都在提供让消费者满意的商品。与此同时，我们也始终怀着控制价格的理念，致力于向顾客提供品质优良、价格亲民的商品，并进行了无数次的努力，最终才建立起成城石井这个品牌。

目前，超市界存在许多问题。近年来，日本的大环境是少子高龄化、人们的生活方式和消费喜好发生变化，以及业内竞争日渐激化，在这样的大环境下市场整体呈现出饱和的状态。然而在这种环境下，却有越来越多的企业重视产品的数量而不重视质量，为了追求规模效益不断进行企业的合并和重组。因此，首当其冲淘汰的就是那些在产品种类方面独树一帜的店，还有那些富有地区特色的小规模连锁店。看着它们逐渐消失，我感到既惋惜又心痛。商品统一化的进程导致了包括大型超市在内的整个超市界踏入窘境，丧失了前进的方向。这可以说是非常危险的状况。

正是由于我们处在这样的时代，我才考虑到要把我在成城石井创立之初的一些想法，成城石井的发展历程，等等，整理并汇总在这本书中。

我在担任成城石井社长的那些日子里，固执地认为身为经营者，要多放眼于未来，为未来的业务做准备，为此经常忙得不可开交。我那时认为不应该把时间花在考虑过去的事情上，因此，一直都没有机会来谈一谈对于以往经营的看法。但是，现如今我已退居二线，回头看看过去的经历，感慨颇多。我谨希望我这几十年的经历和见解能够为奋斗中的业内人士带来一点点帮助，为超市业界注入一丝活力。

在这本书中，我打算讲的是至少10年以前的经营。不过，现在的技术革新实在是太快了，经营方法和市场环境甚至法律法规都和之前大不相同，使得我有点担心这本书的内容是否与时代脱节。然而我相信，即使时代在变，经营的原点始终都不会变。所谓经营的原点，在我看来就是如何获取有效信息并且如何将它们转变为价值。我认为这是商业买卖中最重要的事情。从我踏上这一行直到退休期间，虽然积累了许多经验，然而我认为这一点就是众多经验的根本。在本书中，我想回顾成城石井这个品牌超市一路走来的历程，同时，也想重新审视成城石井的经营原点，为大家讲述成城石井的故事。

株式会社成城石井　创始人　石井良明
2016年4月

目录

总序

序章

第一章　成城石井的历史　/001

1. 起源于石井食料品店　/002
2. 在石井食料品店的实践为成城石井的诞生埋下了种子　/004
3. 迈向超市时代　/008
4. 三件大事，把梦想照进现实　/009
5. 成城石井的诞生　/011
6. 第一家店的布局　/012
7. 低价出售葡萄酒和进口酒　/014
8. 在商品布局上下功夫　/015
9. 1号店的开业　/016
10. 办公计算机的引入　/018
11. POS系统的引入　/019
12. 因为习惯所以选择　/020
13. 鱼部门的设立　/021
14. 家常熟菜的引入　/024
15. 延长营业时间　/028
16. 直接进口葡萄酒　/029
17. 12年后开了第二家店　/030

18. 超市后院的卫星化　/031

19. 开拓车站内市场　/033

20. 全世界最高级的酒水卖场　/036

21. 为"地下卖场"热潮推波助澜　/038

22. 最后的超市店铺　/040

23. 与餐饮店的关系　/041

24. 引退　/043

第二章　成城石井的理念　/045

1. 巩固最初的理念　/046

2. 与其竞争不如共生　/048

3. 专卖店的集合体　/050

4. 高性价比　/052

5. 件件都是拿得出手的礼物　/054

6. 发现好商品，大量出售　/054

7. 不一定要自己宣传　/056

8. 把所有商品都变成嗜好品　/057

9. 得到专业人士的支持　/059

10. 把信息转化成价值　/060

11. 一个不讲究的成城石井　/062

12. 赢得女性顾客的芳心　/062

第三章　成城石井的商品战略　　/065

1. 选择成城石井的理由　　/066
2. 采购要活用买参权　　/067
3. 去远方寻找商品　　/069
4. 北海道之行　　/070
5. 大阪之行　　/072
6. 京都之行　　/073
7. 如何在沙土中发现金子　　/074
8. 要求员工"看过再买"　　/075
9. 商品的决定权掌握在少数人的手里　　/076
10. PB商品的开发　　/077
11. 安全又美味的香肠　　/079
12. 热销商品更要PB化　　/080
13. 葡萄酒的进口　　/082
14. 法国葡萄酒的世界　　/084
15. 参加葡萄酒期货交易　　/085
16. 邀请户冢昭先生做顾问　　/086
17. 打造特殊仓库　　/088
18. "刚刚酿好的葡萄酒，要不要尝尝呢？"　　/090
19. 商品的摆放不能给顾客带来压力　　/091
20. 可以读懂顾客心理的店铺布局　　/092
21. 布局可以变得更自由　　/093

第四章　成城石井的经营战略　/095

1. 成城石井的经营组织　/096
2. 管理部和营业部是互补关系　/097
3. 数据说明一切　/098
4. 部门之间的双向关系性　/098
5. 人事部　/099
6. 财务部　/099
7. 营业部　/100
8. 营业组织　/101
9. 社长兼任营业部长　/101
10. 批发组织　/102
11. 董事会　/104
12. 开店战略　/105
13. 不做目标预算　/106
14. 不使用ABC分析　/108
15. 品类管理　/108
16. 批发业务可以发挥信息力量　/111
17. 专门设立进口的公司　/112
18. 东京欧洲贸易公司　/114
19. 关于自主进口的一点小建议　/117
20. 善用汇兑管理，也能创造利润　/117

第五章　成城石井的人事战略　/119

1. 员工的录用　/120
2. 入社第一年的员工培训　/122
3. 创造能够提高专业知识的学习环境　/123
4. 打造专业的收银团队　/124
5. 薪资体系和评价标准　/126
6. 重视每一名员工　/128
7. 借助一流专家的力量　/130

第六章　超市的未来　/135

1. 人口减少与目标客户群　/136
2. 多样化背景下的新理念　/138
3. 追求的是个性　/139
4. 专卖店的抬头　/140
5. 模仿亦是一种权宜之计　/141
6. 彻底做好数据分析才是立足之本　/143
7. 无论何时都要保持现场感觉　/145
8. 要做流行的制造者　/148
9. 如果迷茫，就选最难的路　/151

终　章　/155

年　谱　/159

01

第一章
成城石井的历史

1. 起源于石井食料品店

1927年,我的父母在东京成城学园车站旁边开了一家叫作石井食料品店的小商店,主要经营酒类、日用百货和点心等。直到1950年,这家店才正式作为公司开始运营。它其实就是成城石井的前身。

楼下是店铺,楼上是我的房间,从小在这里长大的我对商业买卖耳濡目染。每当放暑假时,我几乎每天都起个大早,出门去神田的水果市场,买一些像草莓之类的比较娇贵的水果。因为如果用公用送货车把水果送到家门口,肯定免不了磕磕碰碰。虽然那时我还只是一个小学生,但是也已经开始帮衬父母照顾店里的生意了。生活在这个环境中,我自然而然养成了对做买卖的兴趣,石井食料品店对我将来的事业而言,可谓是得天独厚的商业土壤。

曾经发生过一件趣事,到现在我都记忆犹新。当时我母亲不知是从哪里听来的小道消息,说是美国要和日本开战了。一般来说,大部分当妈妈的人,听到这种传言都会觉得很害怕,但是我记得她当时却说了一句"搞不好接下来罐头会很紧俏"。说完她就四处奔波,买回来好多罐头。因为没和我父亲商量过就买了这么多罐头,惹得我父亲为此生了好大的气,他责备我母亲是任性,乱花钱。

但是事实证明,我母亲猜得没错。多亏了这批罐头,小店得以大赚了一笔。现在想想,我母亲可真有头脑啊。其实她的父母,也就是我的外公外婆,家里也是做生意的,也许在做生意上,她比我父亲更有天分。我在这种浓厚的商业氛围中长大成人,每天望着父母努力工作的身影,久而久之,发现自己对商业也越来越上手了。

对任何人来说,成长环境对一生的影响都不可小觑。我从小生活在商业环境里,加之在中学时期就开始就读于庆应义塾高中部,考进大学后,读的也是商科。我之所以能走到今天,这些经历缺一不可。讲老实话,原本我是打算在念完当地的小学之后,随便找一所普通公立中学念念书就可以了,但是碰巧当时遇到了贵人,他是我父母的朋友,问我要不要试试去庆应义塾上学,如果愿意的话,他可以帮我推荐一下。在当时,普通家庭的小孩想进私立中学读书是想也不敢想的事情,但是我的父母亲却毅然决然地拜托朋友帮忙推荐我进去读书。

后来,我成了这条街区的话题之一。人们嘴里说着"天呐,

第一章　成城石井的历史　|003

石井食料品店家的小孩去庆应义塾念书了"。后来我也听说有几个孩子和我一样,也是从我小学母校毕业后进入了庆应义塾。

因为我从小一直帮父母打理家里小店的生意,而且毕业后还想留在自家小店继续工作,所以在大学里,我选择了商学部。知识源于生活,因为我从小就对商业活动耳濡目染,所以在大学里学习理论知识的时候,总能调动起脑中的记忆和经验,更快更透彻地理解讲义内容,并且掌握起来也如鱼得水。

2. 在石井食料品店的实践为成城石井的诞生埋下了种子

我当时就决定在大学毕业后帮父母打理自己家的生意,所以毕业前没有像其他同学一样去社会上找工作,而是轻轻松松拿到了"自家公司"的录取通知。由于当时石井食料品店还只是个小店,所以采购、销售、总务、会计这些工作我都做过。

正式开始工作后,我首先接触的是总务和会计这种管理型工作,并从中学到很多。我父母对会计不太擅长,所以这份差事就自动落在了我肩上。说真的,我现在发现,在这个世界上有很多所谓的"社长",他们虽然是销售精英,但是对于数据处理和企业管理这些方面,工作起来并不是那么得心应手。

对于那些业绩低迷到陷入赤字的公司来说,如果它们的领导肯好好在企业管理上多用点心，那么恢复黑字也不是多么难的事情。"做买卖"和"经营"之间还是存在区别的，要想做好经营，就要重视对数据的分析处理和对企业的管理。我建议年轻人最好能从现在开始就身体力行多多实践，越早明白这个道理，将来就能少走很多不必要的弯路。

在掌握了总务和会计的工作之后，我又开始了采购和销售业务的学习。当时，店里负责水果业务的人离职了，这个缺口就由我来顶上。从此我每天早上五点雷打不动从家里出发，前往神田市场去采购水果。当时的神田市场还开在秋叶原。

从市场采购水果，是每天都不容马虎的博弈。日复一日，我渐渐掌握了谈判的技巧，挑水果的眼光也有长进。直到现在，我都能一眼看出一个水果好不好吃。

当时我对自己的要求是"确保每一个摆在店里的水果都通过了我的味道检查"。然而水果的味道检查并不是人们想的那么简单。我认为即使在将来，小店变成超市，水果的种类和数量规模大幅增长，石井食料品店也要一直坚持严格的水果检查。

作为采购人员，有必要了解在水果的味道检查过程中容易忽略的问题。我举个例子来说吧，假如有一批水果，上面贴上了注明品牌的标签，既然能成为品牌，那么一定获得了消费者的认可，其味道和品质都有保证。但是，即使是同一品牌同样品种的水果，如果不是在同一天同一批发货，也要警惕是否有品质不一的可能。比方说有这样一种情况，A农协的B水果，今天的发货地是第一选果场，但是明天也许就是从第二选果场发货。由于来自不同的选果场，水果的味道有时会有差异，尤其是橘子。农协的橘子数量实在太庞大，往往会出现同一个品牌的橘子口味不统一的情况。正因如此，我在市场采购的时候一定会先尝再买。

除了橘子，网纹瓜的情况也比较特殊。它是被单独挑选单独出售的，每个装瓜的箱子上都会注明生产商的信息以及瓜的等级和重量。一般来说，好一点的批发商手里的瓜，质量往往都不错，但也不能把挑瓜的任务全盘委托给他们。一个合格的零售业人士，必须要亲自检查，慎重判断，花多少钱买到什么样的东西，都是有讲究的。买好水果之后我会把它们装上大板车，拖着板车在市场里到处走，一直拖到卡车那里装车运回店里，大冬天里我的汗水都流下来，这才结束了一天的采购。

卸货之后，我就开始陈列。如何让商品的陈列好看一些，向顾客推销时怎样做能让顾客高兴，这些都是我需要仔细考虑的问题。

水果的陈列很有讲究，一定要让顾客看一眼就想买回家。比如，我们每天都会改变橘子的陈列和位置，不光是要摆得整齐，而且要营造出一种"畅销"的感觉。在摆整齐之后，我会从顶端或者旁边拿走几个橘子，看起来就像刚刚被人买过一样。这样一来，有的客人就会想"不如我也买两个尝尝"，然后伸手去拿几个橘子。我就是这样站在顾客的角度来揣摩顾客心理的。另外，因为水果的进价每天都不同，所以每天的售价也有波动。

只要我在店里，我就会一直检查陈列，随时整理。例如，我会把畅销货和想快点甩手卖出去的东西摆放得靠近一点，或者在受关注的商品旁边假装不刻意地摆一些相关产品。所谓"陈列也是一种营销手段"，这是"成城石井陈列法"的基本内容，其主要得益于我早期的经历。我在这家小店付出的所有工夫和精力，最后都释放出了巨大的价值。

我家小店一直营业到深夜 12 点钟左右。也许现在的年轻人听到一个水果店到 12 点打烊会觉得难以置信，但这在当时是很常见的事情。在那个年代，做父亲的晚上下班在外面喝完酒，回家的路上通常会顺便买点东西，夜里卖得最好的就是水果了。所以，车站前面通常都会开一家水果店。现在的车站前面估计也会有水果店，应该是从很早的年代延续下来的老店，营业至今。

说句题外话，即使最初的小店后期变成了成城石井超市，也没有抛弃主推水果的理念。这一点体现在水果的营业额上。在一家普通商店里，一般来说，蔬菜的营业额要高于水果，可是在成城石井，反倒是水果的营业额会高一些，基本上是六四开的程度。

就这样，我每天早早出门，一直在店里忙东忙西，支撑着小店的运转。虽然遇到了睡眠时间不足、体力跟不上的问题，但我也还是默默承受坚持下来了。正是因为我在这些日子里，每天都和自己的身体极限较量着，才使我有能力去应对开超市的辛苦。

3. 迈向超市时代

"糟了！"1965年，成城学园车站前开了一家叫作小田急OX超市（Odakyu OX）的超市，恰巧就在我家小店的旁边，让我头一次切身感受到了超市的威力。当时，成城商店街上已经有一家超市在营业了，但令人惊讶的是，新开的这家店人气竟超乎寻常的高，店里常常是比肩接踵，结账的人都排起长队。而它旁边的石井食料品店，却是冷冷清清，无论我们怎么努力也不见起色，只能望着这家超市既羡慕又叹气。我家小店由此受到巨大冲击，并在这一年出现了赤字。

之后，在我们的努力下小店又恢复了黑字，但不可否认的是小田急OX超市带来的冲击力实在是太强了。到了60年代中期，很多人都在说"今后将是超市的时代"，这渐渐成为一个社会上广泛议论的话题。从这时起，我的心里也开始萌生出将来要开一家超市的想法。

在日本，首次出现抛弃面对面买卖的形式，采取由顾客自由选购商品并放入购物篮，走到收银处结算的自助式购物，是在1953年青山的纪之国屋。随后，1956年西武百货（现在的西友）营业，1957年大荣百货开业，1961年洋华堂（现在的伊藤洋华堂）开始了正规连锁化经营。事实上，20世纪50年代后期到20世纪60年代前期，很多国家开启了超市的飞速前进时代。在美国，1962年沃尔玛百货公司成立并开起了第一家店，从此，全世界进入了零售界的转换期。

正好在那时，日本社会迎来全方面的大转变。1958年东京塔建成，这一年迎来了历史上有名的"岩户景气"，好景气持续了42个月。1960年彩色电视节目的放映开始，1964年东海道新干线通车，以及东京奥运会的成功举办，使得社会基础设施焕然一新，日本经济开始高速增长。

到了20世纪70年代，日本全国各地大型超市数量激增，成为了一个社会问题。1974年日本开始实施"旧大店法"（关于调整大规模零售商店零售业务活动的法律，2000年废止）。同年，7-11在日本开了第一家店铺。之后，在20世纪70年代后期到20世纪80年代前期，便利店也和超市一样，共同迈入了辉煌时期。

4. 三件大事，把梦想照进现实

开超市是我当时的目标，为此我每天都在积累各种经验。与此同时，一些事情的发生对我将来的事业产生了巨大影响，成为我人生的转机。

第一件事是我参加了1973年美露香❶主办的面向零售业人士的欧洲游。石井食料品店里也有葡萄酒和日本酒，但是销路一直不怎么好，正好在我打算撤掉它们的时候，听说有一个去欧洲学习的机会，于是我就欣然前往了。

去了之后发现，由于这次是日本国内首次举办的面向零售

---

❶ メルシャン株式会社（Mercian Corporation），日本葡萄酒行业巨头，成立于1934年。

业的欧洲考察团，因此来了很多当时酒水销售业响当当的人物，我也有幸向他们请教了不少问题。其中，National Azabu❶酒水部门的负责人濑川先生也出席了这次活动。我能遇到他，真的是三生有幸。如果当时错过了这次向他请教的机会，我也许就没办法获取这些宝贵的经营方法和知识，在以后开超市的路上也不会这么顺利。

第二件事是，经过一次香烟店的讲座，我思考问题的基础发生了转变。我一度认为，如果有单价低、利润薄的商品，最好的做法就是直接下架。但我那天在讲座中听到讲师说"人类啊，唯有在有限的条件下付出无限的努力，这就是价值所在"。

这句话仿佛照亮人生的火种，一下子点醒了我，深深映在我的脑海里。的确，有时现实就是那么令人沮丧，可是如果人们只知道抱怨却不做任何努力，日子只会一天更比一天糟。既然想脱离苦海，就必须直面现有的问题和困境，不断努力、思考、行动，这才是最重要的。从此，我抱着这个收获，开始站在这个角度看问题，成为新的思考问题的基础。

第三件事是1973年爆发了第一次石油危机。1973年10月爆发了第四次中东战争，产油国的原油产量减少，油价飙升，原油进口国因此遭受了沉重的经济打击。当时日本也出现了民众疯抢卫生纸的混乱局面，翌年的消费者物价指数比上一年提高了23%，那时的物价高升被舆论叫作"狂乱物价"，经济增

---

❶ ナショナル麻布（National Azabu），日本大型超市(无对应中文版名称，故保持原始版本表述，本书同类情况以此处理)。

长率是负的1.2%。这是二战后日本第一次出现经济负增长，高速经济成长期走向了终结。

零售行业遭到巨大冲击，进价和售价一度失去控制，加上消费低迷，现金流出现赤字的企业层出不穷，石井食料品店也难逃此劫。

但是，"有限的条件下付出无限的努力"，与其一味哀叹世间疾苦，倒不如尽自己所能，想到就马上行动。于是我要求直接和当时的社长也就是我的父亲谈一谈，而且我提出了一个请求——"把社长的位子让给我"。

现在回头想想，我敢要求社长"把你的位子让给我"，简直是太不像话了。可是在当时，他已经把店里大部分的业务交给我全权打理了，而且，我父亲当时身体状况也不太好，所以即使有些意外，也爽快地答应了我的要求。从那时起，32岁的我，就成为了石井食料品店的新社长。

5. 成城石井的诞生

在我当上社长第三年的1976年，我把公司名变更为"株式会社成城石井"，把传统样式的夫妻店变成了超市。那一年我35岁。从我在1965年第一次感受到超市的冲击时决心开超市，到现在把梦想变成现实，中间花的时间确实不短。

现在回头看看，从我首次建成成城石井，到后来因为健康问题引退，真正投身在经营事业上只有短短30年。对于打造一份成功的事业来说，时间确实短了一些。如果我能在20多岁的时候就让成城石井起步，那么如今一定是不同的景象。但是，如果我20多岁的时候没有积累丰富的经验，没有学到各种各样的知识，没能做好万全的准备，那么事业发展也很有可能会陷入未曾想象过的失败。我在1976年之前花费的时间，都是为了成城石井的诞生在储备能量，也正是有了这段时间，我才能够直面现实，确定战略和目标。

6. 第一家店的布局

当时，我对经营超市一无所知，一切都要从零开始。第一家超市叫作成城店。这家店能有今天，与其说是自己的功劳，倒不如说是身边所有朋友的功劳。正是因为有缘遇到出色的朋友，我们之间结交的缘分成为支撑成城石井走下去的要素之一。

不得不说到大恩人建筑家桥本邦雄先生。桥本先生曾经帮助青山的纪之国屋设计了首家自助超市。碰巧，他也住在成城，我们是老相识，所以就聊了聊超市的事情。谈到店铺的设计，我作为外行完全没有头绪，全听桥本先生一个人在讲。桥本先生提出的设计方案是经过周密计算的，布局非常出色。这也成为了日后成城石井店铺的基本布局。

它最大的特点在于，店铺的形状是长方形的，在与长方形的长边平行的地方设计了一条可以通往店铺深处的通道。这条通道线就是动线。在客人进入店内后，可以沿着这条长长的通道，边看着两边的水果、蔬菜、日用品、乳制品，边走向店铺深处的肉类柜台。这就是客流量最大的黄金通道。

一顿饭的主角往往是肉和鱼，所以我想到，从客人进入店里到买下鱼和肉的这段时间里，客人单笔购买额越高，店铺的营业额就会越高。这是一个提高营业额的小技巧。于是我们在黄金通道上摆放了日用品和乳制品，使客人在买鱼和肉之前能够很快拿到其他商品。这种布局是很有必要的。随着商品种类的补全和更新，日用品和乳制品会成为店里的利润商品。而且，我把店内陈列的工作交给兼职的人来做，既节省了人力费，又提高了效率。

之前我去别家超市参观学习的时候，发现有些店被设计成长条形状，像鳗鱼的身体那么细长，着实吃了一惊。那时我还以为那些店是出于经济原因，无奈之下才挑了这样的形状，然而现在我知道实际上这种细长条的店铺生意好得不得了。比起那些做成四四方方，道路很多，内部宽敞的店铺，反倒是这种细长形状的店的客单价更高。

比如，在那些大型的超市里，由于面积大，货架的长度也会相应做得很长。以前，大型店铺会把货架分成三段左右，制造间隔以方便通行，所以有一种做法就是多做一些货架隔断。但是最近不流行做隔断了，直接让货架保持长长的原本形态，而且这样的店越来越多。通过增加通道上的客流量，达到提高客人的消费单价的目的。

7. 低价出售葡萄酒和进口酒

对我来说,在酒类销售方面指导我的大恩人要属 National Azabu 酒水部门的负责人濑川先生了。当时 National Azabu 在全日本的葡萄酒年销售量是 2 万箱。在酒水零售业界,濑川先生是一个特殊的存在。我从他那里学到了关于威士忌、白兰地、葡萄酒等等酒类销售知识。

起初,在石井食料品店里,有一部分进口酒并没有按照市面价格定价销售,而是把价格稍微降一点再卖出去。这里我要提到高桥先生了,他之前在石井食料品店工作过,之后在花小金井经营一家叫作美飙多的酒水专卖店。他曾经告诉我"只要把 Johnnie Walker❶ 降降价就能卖出去,之前平均一个月只能卖出去一瓶,但是自从降了价,一个月都卖出去 12 瓶了"。听后我就毅然决定要降价出售洋酒了。

结合濑川先生对我的指导,我想到"既然 National Azabu 葡萄酒年销售量能达到 2 万箱,那我们一年卖出 2 千箱也不成问题"。就这样,我开始一门心思正式开始给葡萄酒和洋酒降价。当时我还联系到了一家叫作"都贸易"的一级批发商,从他们手里我可以用更低的价位拿到进口酒,然后我再降价出售威士忌、白兰地、葡萄酒。其中威士忌的毛利润大概只有 1 成。

因为这件事,成城石井还登上了杂志周刊。其中有这样一

---

❶ 尊尼获加(英语:Johnnie Walker)又译约翰走路,是世界著名的苏格兰威士忌品牌,由帝亚吉欧(Diageo)在英国基尔马诺克的酿酒厂酿造。

句话形容我们——"成城石井是折扣销售的先驱"。也许我们在当时真的是走在了这种销售方式的前列。在那时,"折扣销售"还处在摇篮期。由于我们已经加入了酒类贩卖合作社,所以就没有办法给国产酒打折,只有进口酒才能任由我们自由打折定价。之后,市面上开始出现雅玛屋之类的酒水折扣店。

到了80年代,酒水折扣店业务开始扩大。业界有名的雅玛屋在1982年开始营业。它们在1994年正式和JUSCO❶合作,公司名称里加上了"股份公司"这几个字。同年,格安开始用折扣价做起了批发生意。等到泡沫经济崩溃,自1991年后的两年多时间内,日本经济进入了一个叫作"平成不况"的景气急剧后退期。然而与此同时,折扣酒水的销量却迎来了快速增长。听说有一个卖场面积只有区区50坪❷的店铺,一年的销售额竟然能达到50多亿日元。

8. 在商品布局上下功夫

关于超市运营的问题,我曾经接受过National Azabu前经理河合先生全方面的指导。他教会我如何给商品分类,指导我将店里的货品分成了27个种类。而且,多亏了河合先生的

---

❶吉之岛在1970年,由日本三重县、京都府及兵库县3间超级市场组成,名为Japan United Stores Company,简称JUSCO。2010年10月6日,永旺(AEON)集团宣布将分阶段整合旗下JUSCO公司,店名将统一为"永旺"(英:AEON;日:イオン),并于2011年3月1日正式实行,JUSCO名称不再使用。

❷1坪约等于3.3平方米。

牵线我才有幸结识 National Azabu 的肉类专家德正先生。

关于商品的布局，我从纪之国屋的前店长和正先生那里学到了基本知识并掌握了思考问题的方法。实际上，在成城石井1号店这栋建筑中，我们曾经搭建起了一个临时店铺，位置就在停车场的原址。我和合伙人岛崎美枝子女士用了整整1个月时间，每天打烊后还忙到深夜1点，针对商品的布局做了各种尝试。曾经付出的努力都成为了日后的巨大能量。正是因为我们之间对商品的布局精益求精，才有了成城石井活跃于业界的可能。

9.1号店的开业

1976年12月，成城石井的第一家超市终于迎来了开业大吉，踏出了迈向新征程的第一步。1976年可以说是无比热闹的一年：2月，"洛克希德丑闻[1]"爆发；夏季，发生了蒙特利尔奥运会的政治抵制事件[2]；12月，三木武夫内阁辞职，福田赳夫内阁上台。在这一年里，东急 HANDS[3] 和苹果电脑公司[4] 创立；大和运输开始了宅急便业务；日本维克多（现在的 JVC）

---

[1] 1974年，美国洛克希德公司涉嫌贿赂日本首相田中角荣采购P-3反潜机引发政治丑闻。1976年，东京地方检察厅正式逮捕田中角荣。
[2] 由于此次运动会遭到了非洲国家和地区的抵制，规模远逊于上届。
[3] 东急百货店。
[4] 苹果公司（Apple Inc.）由史蒂夫·乔布斯、斯蒂夫·沃兹尼亚克和罗·韦恩(Ron Wayne)等人于1976年4月1日创立，并命名为美国苹果电脑公司（Apple Computer Inc.），2007年1月9日更名为苹果公司。

开始发售VHS家用视频系统。这么多大的事情都赶在一起发生了，想想也挺有意思。

最初，1号店面积只有85坪，而旁边的小田急OX超市单单食料品卖场的面积就有将近200坪，再加上日用百货卖场，总面积少说也有400坪了。虽然我们在面积上远不如它，但是开业时我们的卖场里的商品也是摆得满满当当。不管怎么说，1号店的开业好歹也算是个令人满怀期待的开始。

结果是非常令人满意的。开业的第一天里来了很多客人，我们也听到了各种夸赞。开业当日的营业额就高达250万日元。半年后平均日营业额达到了300万日元。到了2000年前后我们已经开了4~5家店铺。当时的巅峰时期，109坪的店铺能够达到日营业额1700万日元的好成绩。一般情况下，超市的日营业额大概是平均1坪1万日元。这么看来我们的业绩算是非常棒了。

之所以取得这样的成功，在于我们致力于出售那些从其他店绝对买不到的商品，营造一种差别化的经营氛围。我们会根据成城地区当地常住人口的需求，不定期对店里的商品进行调整。简言之，我们相当重视商品的地域性。这样一来，我们在消费者心中就会渐渐树立起"品种类齐全"的印象和口碑。之后，不仅是成城地区的居民，就连附近其他街区的居民也会来我们店里购物。关于这个概念或者说战略，我想放在后面的某一章里详细和大家谈谈。

10. 办公计算机的引入

开业1年后，超市整体算是能够稳定下来，但是还是发现肉食部门存在不当经营行为。在肉食部门，顾客当面挑选和预先打包的两种售卖形式各占一半，但是负责顾客当面挑选的员工们串通一气，无视公司规定，把肉低价互相出售。

从开业准备到正式开业，以及开始营业之后的一段时间期间，由于我们面对的事情繁多，免不了手忙脚乱，检查也没有做好，但是这不是出问题的理由。这件事暴露了经营者的失误，我感到必须要狠抓经营管理。

于是我在1977年引入了东芝的办公计算机，这种电脑主要面向企业客户，帮助企业进行事务处理。现在想想觉得不可思议，但是当时大家使用的是容量只有约1M的软盘，靠这个搭建起了管理系统。在当时，计算机人才匮乏。从写大约8000条代码到输入票据，全靠我一个人完成。就是这样，我连续操作了3年。利润管理用的也是这个方法。

从这个时候开始，我着手商品的单品管理。如果只知道进价却不知道售价的话，就无法知道是否有损失，更不要说管理了。所以，我把全部商品都做了单品管理，把每一种商品都标上了条码，把进价和售价都输进了电脑里。这种做法在当时很少见。这样我就可以计算出预定的毛利润。我每半年计算一次日用品、杂货、点心的利润，其他商品全部每个月盘点一次，查清库存。把预估的毛利润和实际的毛利润比较一下，我就能够发现是否存在不当经营。

11. POS 系统的引入

在办公计算机的运用趋于稳定之后，接下来我引入的是 POS（Point Of Sale，销售点终端）系统。这个系统可以对商品卖出时刻的信息进行管理。在 1973 年，美国 IBM 公司推出了世界上第一套 POS 系统，之后逐渐被日本人所知，需求也越来越大，零售业和服务业率先尝试使用。随后，1978 年，在日本的食料品和杂货等领域开始使用标准编码，也就是 JAN CODE❶。

POS 系统在日本国内普及起来大约是在 20 世纪 80 年代初，但早在这之前成城石井就已经完成了单品管理。因为我早就预料到 POS 系统将会在日本大有前景，所以在 1979 年就决定采用这个系统。在这方面，成城石井比整个日本社会都超前好几年。

当时，日本国内的 POS 机制造商只有两家，一家是日本 NCR（日本全国现金出纳公司），另一家是 TEC 电子（现东芝 TEC）。到底选哪家好呢？带着这个问题，我咨询了高中时期的好友吉野先生。他当时经营着一家软件公司，所以对这方面的情况比较了解。当时我的预算是 200 万日元，拜托他帮我挑选最合适的。最后，我们引入了 TEC 电子的产品。

---

❶ Japanese Article Number Code 的缩写，是日本通用商品编码。

负责系统测试的是系统工程师藤田先生，由他来实际检查操作。之后他成为了成城石井 IT 部门负责人。他重新搭建起了一套可以将办公计算机和 POS 系统联动起来的系统。但在早期我们暂时把办公计算机和 POS 系统一起使用。

　　办公计算机系统的便利之处在于，比如当你输入"库存"时，就可以看到进货量，把这个月的库存和上个月的库存比较一下就能计算出卖出了多少货。当然，办公系统虽然可以对整体情况进行把控，方便利润管理，但是在分析单品的情况时就略显不足。然而，使用 POS 系统就可以方便分析单品和商品目录。

　　在引入计算机时，我们忽略了预算问题。2000 年为了应对"千年虫❶"危机，我们耗费了数亿日元，但是计算机的确是超市经营所不可或缺的工具。由于我们率先引入了计算机系统，走在了行业的前端，而且我们对于数据的快速分析能力也为后来的成长带来了推力。

12. 因为习惯所以选择

　　之后，藤田先生整合了成城石井的系统，将采购、销售、商品管理、制造工厂的系统全部整合起来，使得系统用起来十分得心应手。正因为公司里有了这些精通 IT 知识的人才，系统的更新换代才变得非常容易。

---

❶ The Millennium Bug，计算机2000年问题，又叫作"千年虫""电脑千禧年千年虫问题"或"千年危机"。

计算机虽然是人类智慧的产物，但它并不是万能的工具。在实际使用的时候，免不了出现漏洞，对于使用的人来说需要细心辨别。所以，计算机系统并不是一经开发就可以放任使用的东西，而是要人们根据工作现场的实际情况不断维护和升级进步。

2000年"千年虫"爆发时，藤田先生临危受命，率领四名系统工程师从NEC（日本电气股份有限公司）前往伊藤洋华堂提供技术支持。我给了他们一间成城石井总部的房间使用，而且，对于当时在现场出现的各种问题我们也做到了灵活应对。那些从成城石井的计算机系统里导出的数据，为日后的经营管理做出了巨大贡献。

现如今，无论在哪个组织里，计算机已经成为了基本的工作工具。但是实际上，真正能够把计算机运用自如的企业并不多。其实计算机每天都有必要更新系统，但很多企业高层对此并不重视，直接放权交给员工来做。现在，很多处在各行业前列的公司，几乎没有擅长IT的高层管理人员，这是无法理解的。藤田先生后来之所以成为成城石井的董事之一，是因为他在成城石井店铺业务扩大方面功不可没。

13. 鱼部门的设立

最初我们没有设立鱼部门，但是听到很多顾客说"希望能买到鱼"，所以我们就在开业两年后的1978年进行了店铺架构调整，设立了出售鱼贝类和干海货的鱼部门。当时，担任肉部门负责人的是岚田先生。他有一位经营鱼店的亲戚叫作河野先生。于是我就请河野先生来做鱼部门的负责人。

鱼部门开张的那一天，客人蜂拥而至，卖场里人山人海，热闹非凡。但是，仔细一看，看的人多，买的人少，营业额并无起色。我很不解，于是询问了熟客"您感觉如何？"他们只是说"挺好呀，东西不错呀"。

如果顾客真的觉得商品不错，那么不可能不伸手去买。我突然想到，也许客人们只是跟我客气，其实心里并不满意商品的质量。我认为这个问题必须要马上解决，所以第二天我就马上去拜访了河野先生介绍给我的那几家比较不错的水产进货商。我问他们在东京能够弄到最一流鱼的批发商是哪家店，他们的回答是"龟和"，如果是金枪鱼刺身的话就是"松源"。我了解到纪之国屋、明治屋、大仓酒店、金田中等都是他们的合作伙伴，这样一来和他们合作准没错。于是我第二天就换掉了之前的供应商。虽然这样做有点残忍，但是我还是不能辜负顾客们的信任。对我来说，最重要的莫过于赢得客人的信赖。

在这个年轻的鱼部门里，员工也都非常年轻，经验难免不足。但是品质就是生命，我们要做的就是尽公司之力来培养职业人员，把这样的年轻员工培养成独当一面的有能力的人。为了培养他们挑选商品的能力和眼光，我让岛崎女士带着柴田君一起跑了半年的市场。一方面我们培养新员工挑选优质商品，读懂顾客需求的能力，同时，也对生鱼片的切法做出了改变。我们推出的新切法，并没有否定传统切法，而是站在主妇顾客的角度，从主妇顾客群体的立场出发，对传统的切法进行了改良，并且，我们在包装上也下了工夫。为了提高顾客的满意度，我们着实做出了许许多多的改变。

半年后我们确实看到了成效，营业额可以说明一切，业绩明显一路高涨。当时我认识到，住在成城的顾客确实识货，懂得什么是优质的商品。如果商品品质不好，肯定卖不出去。我深刻体会到了这一商业原则。正是因为成城的顾客识货而且追求品质，所以100克3 500日元的切块金枪鱼卖得特别快。鱼部门设立前期和后期的区别，明眼人一眼就看得出来。

另外，不只是新鲜鱼类，在咸鲑鱼、咸鳕鱼子、丁香小杂鱼等风干商品上我们也下了很大功夫。一般来说这些干货在超市里不被重视，甚至在海鲜专卖店里也都处在陪衬的地位。当然，肉部门也容易出现火腿、香肠这些加工肉制品柜台缺少人手的情况。但是，我们认为在采购和处理这一类商品时也不能马虎，不可以交给供应商随便做做。于是我把这部分业务交给了岛崎女士来严格管理，结果这些加工肉类的营业额也实现了翻倍。

我当时考虑到，越是成城的顾客来买东西才越少不了这些干海货。为什么呢？因为在夜晚经常要接待公司的大人物吃饭，宴会比较多，所以家里一定要常备一些味道上好的干海货，因此需求量比较大。为了扩大充实干海货部门，这次我没有去找批发商帮忙，而是让岛崎女士和我一起在日本全国搜寻优质的商品。经过这样的努力，干海货卖得最好的时候，几乎占据了鱼部门全体营业额的6成。

14. 家常熟菜的引入

差不多是在 1980 年的时候我们在卖场里引入了家常熟菜柜台。现在的各大超市和商场里都会有家常熟菜卖场，但是在当时，卖场里基本见不到家常熟菜。大家都听说过"外带熟菜"，意思是把熟菜和便当买好带回家吃。然而，早在"外带熟菜"这个词出现之前，我们就已经开始设立家常熟菜卖场了。

我看到日本"食品安全安心财团"的统计结果中出现了这样两个词："饮食的外部化率"和"外食率"，它们的意思分别是"食用的饭菜在家庭以外的地方制作的比率""在外面吃饭的比率"。统计结果显示，在上世纪 70 年代，"饮食的外部化率"和"外食率"几乎持平，这意味着要想吃到外面做的饭菜，基本上就等于去外面的餐厅里吃饭了。到了 1979 年，这两项的差距只有小小的 1.2%。当时，如果不吃家里做的饭，就只能去餐馆里吃饭。如果要把外面做好的饭拿到家里面吃，基本上只能叫外卖。

在 1989 年，这两项的差距拉大了，变成了 2.9%。到了 1998 年两项差距甚至拉大到 5.6%。在 2013 年，这个差距已经变成了 8.7%。由此可见，以家常熟菜为代表的外带熟菜市场已经开始抬头并扩张了。

1980 年前后，家庭餐厅的生意非常红火。回想到 1970 年云雀开了第一家店，1971 年乐雅乐家庭餐厅也开了第一家店，为什么过了 10 年，家庭餐厅的生意还那么好呢？我考虑了许久，认为可能有以下原因。

家用汽车的普及为人们的日常生活带来了巨大影响。在休息日，一家人举家开车到路边的餐厅用餐，这种模式变得越来越常见。此外还有另一个重要原因，那就是石油危机。

第一次石油危机的爆发，导致工薪族的薪资上涨减缓，很多人无法一口气还清住宅贷款。所以我就设想，马上就会有一大批专职主妇走出家门找兼职工作。一旦女性有了工作，花在家庭里的时间就会减少，必然会导致没有那么充裕的时间和精力为家庭做饭，只好想办法来弥补，结果就会有越来越多的家庭举家出动前往家庭餐厅用餐。这将是在不久的未来出现的大趋势。

如果 A 店是家庭餐厅，那么 B 店就是家常熟菜。如果今天女主人需要准备 4 到 5 个菜，但是还差 2 到 3 个菜就可以完成任务，那么在外面买一点带回家就可以了。如果我的设想能够成为现实，那么当主妇下班时，从车站往家走的路上经过一家超市，一定会走进去买好需要的家常熟菜带回家。这就是我当时的大胆猜想，而且也是成城石井开始拓展家常熟菜业务的契机。

现如今，大家已经对超市里的熟菜柜台见怪不怪，日常生活也已经离不开这些熟菜了，然而这些在当时还没有普及起来。把从外面买好的现成的菜带回家直接摆上餐桌，这是当时的主妇所想不到的、比较超前的消费行为。买回家之后稍微炸一下食物或者烤一下食物就可以上桌，只费这么一点点工夫就可以演绎出一种"在家亲自制作"的感觉。这种可以让丈夫感到非常可口的"半成品"一定会大卖，于是我就决定发展家常熟菜业务了。

最初推出的商品是土豆沙拉。恰好我有一位亲戚是经营餐厅的，当时土豆沙拉开售的时候，我们把他那里做好的土豆沙拉包装一下封在盒子里，运到店里就可以直接出售了。不久后，有几位平时很喜欢做饭的兼职女员工来到店铺2楼，在后厨帮忙制作菜品。当时最畅销的是预处理后裹一层面衣，放进油锅炸一下捞出来晾干的半成品。另外，牛肉可乐饼也卖得非常好，炸猪排和炸大虾的销量也很可观。

由于熟菜部门的业务一直不错，所以我就请来当时在厨师培训班做助手的森友先生来负责管理熟菜部门，调整生产体制。3年后，我们聘请各自专门负责日本菜、西餐、中餐的师傅，然后把三种菜类分开售卖。其中，中餐销量最好。因为中餐需要大火烹饪，可是一般日本家庭使用的卡式炉火力太小，如果在家里制作中餐的话，火力不足的确会导致效果不好。

我们发现卖得最好的就是在家里难以制作的菜品。所以，在菜单中加入并不定期更新这些菜品就变成了非常重要的工作。后来我们升级了产品线，淘汰那些在家中也可简单制作的菜品，开始较多提供那些在家里制作起来要花很长时间、比较麻烦的菜品。这是营业额提高的基础。虽然在很多超市中都能看到各式各样的炸物，但是说实话，现在在家里自己炸东西也不是什么难事。

成城石井在很早的时候就开始推出由天然食材制作的甜品了。我们极力避免人工添加剂，坚持亲手制作，这是我们对品牌的基本要求。我们要让小孩子吃得安心，也让大人们对味道满意。我们精心选料，比如在制作铜锣烧的红豆馅时，我们只选用北海道十胜产的优质红小豆。现在回想起来，当年付出的汗水都是有意义的，否则就不可能换来优质的商品。

之后，成城石井的店铺数量不断增加。为了在保证成城石井的熟菜品质和好的口碑的同时缩减成本和提高业务效率，我们把之前分别在各店铺内部进行的食物制作工序，集中在一个地点统一完成。这一点我们参考了餐厅的经营模式，把外食供应链引入中央厨房。其实在当时已经有很多餐厅采用这种办法了，但是超市的脚步可以说是慢了不少。1996年，我们在南町田建立了中央厨房。

由于我们的理念是把味道好、品质佳的熟菜以更低的价格提供给顾客，所以就请来了专业的厨师，但是并没有达到每家店里都配备专业厨师的程度。熟菜业务既是满足了顾客的需求，又可以为店铺带来较高的集客效应，唯一需要克服的就是它费事费力还费成本的问题。在店铺数量扩大时期，设立中央厨房是一种必然的选择。

但是使用中央厨房也会有无法避免的问题。在中央厨房里制作好的熟菜，在运输过程中菜品的味道会发生改变，无法还原菜品现场的水平，从而导致整体营业额下降。这种弊端是确实存在的。

在当时的成城石井，熟菜是吸引顾客的一个比较大的要素，采购环节的利润并没有发生变化，但是制造部门却几乎没有利润。

当时成城石井的中央厨房在业界有一定名气，引来许多业内人士前来参观，比如后期创立RF1品牌的Rock Field❶社长岩田弘三先生。另外，现在那些地下商业街中的人气熟菜品牌中，有很多都是参考了成城石井的中央厨房模式。

成城石井的熟菜业务就这样如火如荼地展开了，在最鼎盛时期，单单是成城店这一家的熟菜日营业额就达到了200万日元。可以说，成城石井是超市业界中认真推动家常熟菜事业的先驱，是业界领头羊。

15. 延长营业时间

在当时，一般超市最晚打烊时间是晚上9点钟，但是我们考虑到有一些顾客希望在比较晚的时候来购物，为了方便顾客，我们把营业时间延长了两个小时，打烊时间变成了晚上11点钟。这大概是在1983年—1984年的事情了。超市定在晚上11点打烊的理由是为了让工薪族在乘坐最后一班电车回家的情况下，下车后还能有一点时间来超市买点东西。

虽然，延长的这两个小时只贡献了营业额大约3%的上涨，但是在那个店铺早早打烊的年代，我们成城石井也算是为了满足顾客的需求多做了一点好事。过了大约一年，旁边的小田急OX超市为了和我们竞争，把营业时间延长到24点。现在大家

---

❶ 株式会社ロック・フィールド，设立于1972年，主营熟菜的制作与销售。RF1是其旗舰品牌，主营沙拉等成品菜肴。

已经习惯了深夜营业的超市甚至是 24 小时营业的超市。这种延长营业时间模式大约到了 1990 年代才开始在全日本风行起来，然后慢慢变成了现在的样子。

16. 直接进口葡萄酒

　　1984 年我们开始直接进口葡萄酒。在当时的日本，最受欢迎的是甜口的德国葡萄酒，成城石井也在这时开始进口德国葡萄酒。

　　不巧的是，在 1985 年发生了"二甘醇事件"。奥地利的酒商为了提高葡萄酒的甜度，在酒中加入了二甘醇。可怕的是，不只是奥地利的葡萄酒，连德国的葡萄酒也未能幸免。

　　这在当时的日本掀起了"毒葡萄酒"的社会骚动。于是，德国葡萄酒卖不出去了，营业额也降至之前的七分之一。成城石井一时陷入困境。

　　于是我们决定把所有德国葡萄酒撤柜，开始主营法国进口的葡萄酒。我们不仅与法国当地的酒商来往甚多，也请来了酒水业界的权威——户冢昭先生作为顾问帮助我们挑选优质的葡萄酒。在 1986 年我们开始大量采购高级葡萄酒，渐渐扩大了葡萄酒事业。之后日本社会上出现了品尝"博若莱新酒❶"的风潮，推动了高级葡萄酒的销售。鼎盛时期我们甚至一度成为了

---

❶ 博若莱新酒（Beaujolais Nouveau）是一种产自法国勃艮第南部的博若莱(Beaujolais)产区的葡萄酒,是唯一一款当年酿制当年饮用的葡萄酒。

世界最高级别的超市之一。有关葡萄酒和进口业务的详细情况，我将在后面的章节里进行说明。

17.12 年后开了第二家店

1988 年，成城石井的第二家店开在了距离东急田园都市线的青叶台车站步行只有 5 分钟的地方。这一年是成城石井品牌诞生的第 12 年。虽然两家店的开业间隔了相当长的时间，但是我们回头看看，这些时间并没白花，而且青叶台店能健康诞生存活，也是非常幸运的一件事。

为什么这么说呢？在当时，大部分零售公司还没有掌握成熟的经营管理技术，很多超市在全日本开了连锁店不久就倒闭了，非常短命。从 20 世纪 60 年代中叶到 70 年代，超市像雨后春笋般接二连三地冒出来。许多商家在日本很多城市开了好多新店，那种景象就像美国西部片里在美国西部不断出现居民点一样。通常他们采取的做法是：一旦发现第一家店做得成功了，马上选一个新的地方"克隆"出同样的一家店。但是，他们这么做的目的只是开店，没有明确自己的经营管理理念。尽管如此，他们还是接二连三开了一家又一家店并不断扩大店铺规模。可笑的是，开连锁超市并不是简单的复制粘贴。这样简单的道理他们都不懂，所以我就眼睁睁看着他们前脚开店后脚倒闭。

反观成城石井，单单是经营第一家店就花了 12 年的时间。

为了提高营业额，我们一心考虑如何提高店铺运营效率，成功总结出了一系列经营管理方法和技巧并不断积累经验。在这12年里，我们冷静地按照自己的节奏，踏踏实实积累经验和技巧，最终收获了丰厚的回报，这才有了青叶台店的开张。这家店最初只有约200万日元的日营业额，但是到了顶峰时期可以达到约750万日元。

以千锤百炼的经营管理技巧为基础，过了五年，也就是在1993年，我们开了第一家迷你超市——成濑店，而且之后的新店只需复制之前的模式就可以成功运营了。当然，每家店铺内部的布局都不同，必要时需要做出调整，但是它们的基本理念和运营技巧都是统一的，这保障着店铺的顺利运营。

18. 超市后院的卫星化

在我们开第二家店也就是青叶台店的时候，起初的构想是赋予它后院卫星店的功能。我们想在超市的后院完成肉、鱼、水果、蔬菜的切割加工和分装工作，然后把加工好的商品送到其他店铺。这种打造卫星后院的想法是从便利店那里学来的。

1973年便利店首次在日本出现。全家便利店（Family Mart）是第一家在日本亮相的便利店。随后，1974年，7-11便利店（7-ELEVEn）的1号店开业。1975年罗森（LAWSON）的1号店开业。便利店起源于美国。我曾经在参加明治屋举办的美国研修旅行时，在加州遇到一位经营着大约100家便利店的企业家。我问他："开便利店赚钱吗？"他回答说："我开的车是奔驰，我太太开的是劳斯莱斯，你觉得赚钱吗？"他并没有正面回答我的问题，但是他的话给我留下了非常深刻的印象。那一刻让我感觉到开便利店好像真的挺赚钱。果真到了80年代的时候，日本国内便利店行业进入了隆盛期。

我看到这个情形后想到，超市未必要一味大型化，也许小型化超市也会有很高的营业效率。这个概念当时就出现在我的脑海中。尤其是成城石井，本身就是一家面向高层次顾客提供优质商品的超市，单纯依靠把店铺规模扩大的举措，并不能使营业额上升，这个是的的确确存在的现实。而且，曾经那些面积在150坪以上的店铺受到"大店法"（大规模零售店铺法）的制约，如果得不到当地的许可就不具备开店资格。所以，在某种程度上，我们并没有抛弃店铺大型化路线，但同时也在构想店铺小型化的可行性。

然而，如果店铺实现了小型化，也就意味着后院作业的空间没有了，那么生鲜食品的加工都无法进行了。所以，为了解决这个问题，我们特意在青叶台店做了一个比较大的后院，使其成为一个卫星后院，为小型店铺提供协助。

实际上，成濑店的面积只有70坪，和一般的便利店差不多大，但是这种小型化的想法帮助我们之后在车站内开了第五家店。

19. 开拓车站内市场

1997年，成城石井的第五家店——ATRE（阿托雷）惠比寿店开业了，这是我们的第一家开在车站内的便利店。这多亏了成濑店的帮助。当时，JR东日本（东日本旅客铁路公司）的店铺部门在比较小的车站里尝试开了便利店。他们为了接下来能够在较大的车站内开店，就派我的老朋友铃木先生和总部的川上先生，以及咨询顾问梅野先生来到成濑店参观。我向他们说明了成濑店营业额的情况，也和他们围绕在车站里开设大型便利店是否具有可行性等问题展开了讨论。正是有了这次接触，成城石井才能够和JR东日本结缘。JR东日本在川崎BE（现在的ATRE川崎）车站大楼里开便利店时委托我们进行指导，于是就有了接下来的合作。

那时他们正在考虑ATRE惠比寿。惠比寿车站与车站大楼相连，从检票口到出口之间有一片很大的中央大厅。他们考虑要不要在面对中央大厅的地方开一家便利店。

当我还是个孩子的时候，我的家就在小田急线的成城学园前车站对面，所以我早就深知车站庞大的人流量和高度的集客性。那时我想过，以后如果能在车站里开店，我会毫不犹豫开一家。因此，我当然支持在惠比寿车站内开店。

在我决定好要在ATRE惠比寿开店之后，JR东日本还问我要不要考虑在LUMINE（路米奈）大宫和LUMINE横滨也开店。我虽然心里不确定这几家店的营业额能达到什么样的水平，但是一想到已经有成城店那么高的利润在就不害怕了，反倒轻松地接受了这个提议。之后他们也来问我考不考虑在 LUMINE 新宿开店，但是由于当时人手不够，只好谢绝了。

其中有个小插曲，人们说"站中"这个词是我发明的。起初，我在接受日本经济新闻记者采访的时候用到了"站中"这个词。《日本经济新闻》的电子版报纸在 2012 年 3 月 20 日的报道中写道："第一次出现了'站中'这个词是在 2003 年 3 月 18 日，高级食品超市成城石井当时的社长石井良明先生评论道：'要发挥出站前或者站中便利店的便利功能'。"

ATRE 惠比寿店的面积只有 46 坪，非常小，所以肯定没办法保证商品种类及数量和其他店铺一致，因此摆在店里的都是成城石井的精华。我们的理念是要在店里准备顾客"回到常住地就买不到的东西"和"回到常住地就要花高价购买的东西"。当时，埼京线还没有和大埼站连接畅通，因此，乘坐埼京线的顾客只能在当时的终点站惠比寿站下车。所以这家店里没有像那些客人自家附近的普通超市那样摆放了品种齐全的商品，而是放了客人真正想买的东西。

我们还有一个想法，考虑到惠比寿站附近有很多饮食店，当这些店里缺货的时候，为了不耽误生意，他们一定会派人马上来成城石井买东西，所以我们就在这家店里准备了很多种面向饮食店的商品。

无论对成城石井来说还是对 JR 东日本来说这都是新的尝试。实际上，开店之后就能看到，开店初期的日营业额达到了 330 万日元，之后，基本上可以达到 400 万日元。其中销路特别好的是以葡萄酒为中心的酒水类、天然奶酪、调味料、熟菜等商品。由于我们的生意很好，威胁到了周围的店铺，像个磁铁一样把营业额都吸了过来。不过，惊讶于"车站里的生意竟然可以这么好"的应该是JR东日本自己吧。

在开这家店之前，我对车站以及车站临近场所的印象都不是太好，对于在有名的百货店里开店更是敬而远之，但是之后发生的一件事改变了我的想法。1998年，"集合起来的箭"（UNITED ARROWS）和"索尼"等品牌一同进驻横滨LUMINE的时候，成城石井也加入了它们的行列，而且生意非常好。这一事件再次使得JR东日本确信了车站的高收益性。从此，有名气的店铺入驻LUMINE就变得很容易了。

现在，以JR（日本铁路）东京站和JR上野站为首的主要车站，以及私营铁路和地铁的车站内都进驻了店铺。车站内已经形成并确立了商业设施一体化的模式。此外不仅是电车站，在机场和高速公路的服务区里也形成了这种模式。放眼世界，纽约的中央火车站（Grand Central Terminal）和伦敦的圣潘克拉斯国际火车站（St Pancras International），不仅具备了终点站的功能，而且内部包含了购物中心和餐饮街，更是成为了一个观光景点。车站曾经只是一个人们来来去去的场所，现如今已经被赋予了强大的商业功能。成城石井也在这条路上与车站一同前进。

20. 全世界最高级的酒水卖场

1997年ATRE惠比寿店开业，同年，东急百货店在横滨未来21地区开了皇后东（Queen's East）店铺。当时负责店铺开发工作的是秋山先生。在开业当时，地下1层和现在的店铺构成是不一样的，当时是以食料品店铺为主，自助部门也很庞大。成城石井拿到了300坪的面积。我们难得有这么大的店铺面积所以一定要把它打造成一个漂亮气派的店铺。我们抱着这种想法，花了两年时间来做准备。酒水类、点心、杂货、日用品等，只要是生鲜类商品以外的商品都被我们放进店了。

尤其是酒水卖场，我们为了把它打造成为世界一流水准，无论是在数量还是种类上，都下了很大力气去精心准备。我们把葡萄酒区域做成了17坪的开放式卖场，摆放经过我严格挑选出的450种品质上乘的葡萄酒。除此之外，我们还摆放了400种威士忌和70种格拉帕酒。

葡萄酒的挑选全部由我负责，烈性酒的挑选交给了成城石井的酒水负责人——对酒类知识抱有狂热兴趣的岸川先生。按照年代和尺寸排列，我们的仓库里有2000个种类的葡萄酒，其中有450种放在卖场供顾客挑选。也就是说卖场里只能摆下我们全部库存的不到四分之一的量。其余的葡萄酒要在仓库里一直发酵到可以饮用为止。

一般的商场在夜里都会关掉所有冷气设备，然而对于葡萄酒这种一旦处在30℃以上的环境中就会开始变质的商品来说，必须要单独开辟一个区域特殊存放。为了不让冷气跑出去，还要准备隔离设施。我们在这些保存设备的准备上，绝对不允许马虎。

当然，在酒类到达仓库之前，我们也会认真对待运输途中的保存问题。经过蒸馏后得到的烈性酒放在干货集装箱中运送是没有问题的，但是奶油利口酒、马德拉葡萄酒、波特酒、雪利酒等等，由于运输途中会经过赤道附近，酒的温度会升高，香味会挥发，甚至会氧化变质，所以必须要使用冷藏集装箱来运输，以确保能够使酒持续处在低温环境中。这就导致其运输成本会相对烈性酒高出4～5倍。在这些葡萄酒发货后，为了防止氧化变质，要始终放在15℃的恒温保温箱内，直到安全进入日本的仓库。

很可惜，这家店在开业4年后的2001年关闭了，被其他营业形态的店铺代替。我们决定全盘改变布局与理念，重新出发。自1983年动工以来，横滨未来21地区至今仍在重新开发中。根据横滨都市整备局发布的信息，截至2015年3月，街区开发的完成率达到了86%。想当年，成城石井在皇后东开店的时候，地铁横滨高速铁道港未来线还没有开通（于2004年开通）。除了作为交通运输线路，人们很难将它与购买日用品联系起来，尤其是当人们携带着不适合长时间携带的食料品时确实是一种煎熬。这些我们在某种程度上倒是能够意识到。

但是成城石井的酒水卖场兼顾商品的质与量，成为了这家店铺的重头戏。我们能够做出这个出色的酒水卖场，既增加了经验值，也获得了不可或缺的财富。自 1997 年开始，葡萄酒中含有的多酚由于自身的抗氧化功效，成为了社会上热议的话题之一。受其影响的帮助，我们的葡萄酒在周六和周日的平均日营业额高达 200 万日元，受到顾客的一致好评。现在回头看看，像那样充实的酒水卖场，全世界找不到第二个。

21. 为"地下卖场"热潮推波助澜

"地下卖场"（デパ地下）这个词现在已经作为日常用词被收录进日语词典中了。以前提到它时，通常在人们的印象中只是位于商场地下楼层的食品街，主要经营礼品和高级生鲜业务。后来，泡沫经济带来了人们生活方式的变化，成品、半成品熟菜走进了越来越多的家庭。商场地下楼层在 20 世纪 80 年代和 90 年代渐渐发生变化，现在已经变成了熟菜、西点店铺、生鲜食品店、日用品店的群聚地，并日渐成为主流。"地下卖场商品配送"（デパ地下デリ）和"地下卖场甜点"（デパ地下スイーツ）这些词也普遍起来。

"地下卖场"一下子火起来成为主流词汇是因为涉谷店曾经举办过一次东急食品展。自 2000 年开业以来，电视、杂志等大众媒体中大量出现"地下卖场"这个词,刮起了"地下卖场"旋风，引起其他商场也竞相追随。

在东横店的地下 1 层举办东急食品展的时候，东急百货店有了一个新的想法，那就是像超市那样把食品展做成一站式购物，把生鲜食品和杂货也搬到地下卖场一起出售。现在随处可见地下卖场的自助式购物模式，但在当时那种面对面销售仍是主流的年代，这可以说是革命性的构思。

当时，他们一度决定把生鲜食品以外的商品都由东急百货店内部来负责一站式购物的运营，但是出于提高营业额的考虑，他们最终决定委托成城石井来负责。当时东急百货店的责任人是樋口先生，他现在已经是著名的餐饮服务顾问了。

于是，成城石井就正式参加了东急食品展。说实话，此次合作的双方，采用的经营方法完全不同，无论是体系、运营方式、接待方式都有差异，可想而知两家公司的磨合有多艰难。

当时面临的最大困难是两家公司的营业额管理系统不同。成城石井不可能只为了这一家店铺就把现有的系统推倒重做，这种事情想都不敢想。万幸的是，东急百货店在预算中增加了5 000万日元，出钱改变了自己的系统，而且把成城石井的系统也编了进去。

成城石井对东急百货店的自助购物部门以及其他部门都做了指导，甚至连超市包装材料的处理方法也进行了指导。当时，东急百货店每周采购一次包装材料，然而，我们建议他们换成每日一次。乍一想，每周进货一次不仅省工夫还能节省成本，但是要把一整个礼拜需要的包装材料放置好，就必须有足够的库存空间，如此一来卖场的面积就会相应缩减，这样一搞，管理成本就上去了。后来，东急百货店的负责人采纳了我们的建议，改为每日采购一次，顺便也调整了进价。通过这次调整，他们当时的年营业额比去年高出了约5亿日元。

这次尝试带来了 65 坪 650 万日元日营业额的效果，虽然这一销售业绩对于商场来说不足为奇，但是无论对于超市来说还是对于商场来说这都是一种全新的、被顾客认可的购物形态，这也为日后业内的发展确立了标准。毫无疑问，这次合作是一个巨大的成功。

22. 最后的超市店铺

我最后经手的一个店铺是 2003 年开业的东京巨蛋乐夸（LaQua）店。这家店开在一个有点特殊的商圈。东京地铁丸之内线和南北线后乐园站，东京都营地铁大江户线和三田线春日站，JR 中央线（日本旅客铁路公司中央线）和总武线水道桥站等线路和车站都汇集在此商圈。这里以东京巨蛋为中心，汇集了大量娱乐和商业设施，人流量巨大，但是半径 1 千米内的常住人口却不多。这就意味着，在这里购买家用厨房食材的顾客数量相对会少一些。

考虑到这样的周边环境，加上附近是东京巨蛋，所以我们这家超市的经营理念是，不仅要出售食材，更要将熟菜作为主打商品，把便当和熟菜的位置调整到店铺的前端区域。一般情况下，我们会把熟菜柜台设在店内顾客通道的末端位置，但是在这家店里，我们把熟菜柜台搬到了入口处，作为主要商品出售。

商圈的半径 2 千米范围内自古以来就是大片的住宅区。像这种地方，从过去开始就有非常多专门经营鱼类的店铺，所以我们推测客人即使来超市买东西也不太可能会买鱼。那么，比起鱼类，其他肉类就成了我们在这片区域的主打商品。

在开店前预测营业额的时候，当时做市场调查的顾问松浦先生预测的日营业额是800万日元。可是开张之后我们发现只能达到400万日元。两年后店里开始卖酒，营业额虽开始上涨但最终也只能达到550万日元。

23. 与餐饮店的关系

最初的时候，成城石井确实考虑过向餐饮店进军，因为以葡萄酒为首的商品价格涨幅比较小。我们对餐饮店首次进行尝试是在青叶台店开业之后的2～3年，好像是1990年或者是1991年我也记不清了，店旁边空出来一块70坪的地方，于是我就租下了那块地，准备开一家日本料理店。

其实我最早考虑开餐饮店的的时候，首先想到的并不是和食店，而是中餐店。为此我专门去了一趟台湾，一路考察试吃，在台湾住了四天三夜，就是为了能多去吃几家店。因为当时那几天早中晚三餐都是中餐，我觉得吃腻了不想再吃了，于是放弃了开中餐店的念头，打算开日本料理店。

没想到此次尝试的结局是失败。不光食物的味道不好吃，客人也没见到几个。店铺的租金特别高，加上当时店里的食材用的都是成城石井超市里的，材料费高，每个月的赤字高达200万日元，我们只能悬崖勒马了。

关于试水餐饮业，我还有一个想法，不如就开葡萄酒吧&餐厅一体的那种餐饮店，领跑全日本。当时我们联系到一家法国的叫作雷克鲁斯的公司，他们在法国巴黎的塞纳河畔、玛德琳广场、圣欧诺雷广场等最好的地段经营酒吧，于是我们就和这家公司签了合同。从他们这里我们可以直接买到品种齐全的瓶装酒，同时，我们的餐厅也会推出适合和葡萄酒搭配的食物，形成产品链条。

　　我的设想是，店里的菜品全部由中央厨房提供，送到店里热一下即可，这种方式和模式在当时都是罕见的。即便不能保证每家店里都配备专业的厨师，也可保证这个模式在多家店铺里展开，因为我当年发展熟菜业务的时候就已经尝试过这个办法了。我对这种模式的餐厅的实际运营表现出极大的好奇心，而且我也很好奇雷克鲁斯公司是如何把酒吧餐厅一体化运营得如此成功，我迫不及待想学来他们的方法。

　　为此我做了许多准备，甚至连运营模式的引入计划都做好了，还按照合同付了雷克鲁斯公司1千万日元的费用，然而最终却因为种种原因没能走到开店这一步。

　　虽然自己没能亲手将构想变成现实，然而另一家公司却做到了，那就是当时位于成城石井品川店2楼的一家LUMINE子公司开的餐厅。他们主打意大利菜，菜品全部由一家欧式餐厅提供，以葡萄酒为主的酒水以及酒类设备均由成城石井选定。

　　这家欧式餐厅的社长石仓悠吉先生曾经说过"餐厅里的饮料比率应该不太可能超过12%"，结果这家店内的饮料比率高达27%，都能比肩居酒屋了。

24. 引退

在 2004 年——成城石井诞生的 1976 年后的第 28 年，我把这些年一直捧在手心里的公司卖掉了，因为我的身体状况不是太好。人类就是这样，一旦健康出了问题，无论意志多么坚定，自身多么努力，也是没有办法的事情。我由于之前工作太过拼命，即使中途发现身体已经出现问题了也没有在意，搞到现在不得不退休了。

在我卖掉公司时，成城石井已经扩大到有 34 家店铺了。早年开在成城这条街上的小夫妻店能有今天的规模，与其说是靠自己努力换来的，倒不如说是为了满足大家的需求，根据各个店铺的选址和特性来调整经营理念和店内布局，如此日积月累，才有了今天的样子。

成城石井能有今天的成就，离不开全体员工兢兢业业的努力。我非常感谢岛崎美枝子女士以及全体优秀社员们，我也感谢公司内外所有帮助过我们的朋友。

就像我在前文中提到的，我真正经营成城石井的时间只有短短的 30 年。然而，在这 30 年里我学到了各种经验，对于事业也有了明确的志向和更广的视野，才有了今天这么好的结果，所以我认为这 30 年虽然短但是过得非常充实。

02

第二章
成城石井的理念

1. 巩固最初的理念

当初我在筹备开超市的时候,首要任务就是要把经营理念构筑起来。超市的作用无非就是把各种各样的商品集中在一起,让顾客只来一个地方就可以买到不同种类的东西,俗称"一站式购物中心"。在超市没有普及的时代,人们如果要买东西就要分别去水果店、鲜鱼店、精肉店等等好多店铺才能买齐需要的东西,但是当人们来到超市这种可以一站式购齐所有商品的地方,就会发现购物竟然可以如此省时省力,这就是人们喜欢来超市购物的理由之一。换句话说,顾客在购买商品的同时,也在购买便利。

所以,超市自身也要提高对自己的要求,力争做到让顾客满意,保证所有的商品都有好品质。因为如果发现店里的东西质量参差不齐，客人们就会说："这家店的水果还不错，但是买肉的话还是要去 A 店，买豆腐的话还是得跑一趟 B 店才行。"其实顾客是在抱怨你的超市品质不行。如果顾客去过超市还要继续跑东跑西，那超市还谈什么便利性？这家超市还有什么存在的意义？久而久之这家超市就不会再有人光顾了。

有些超市在和竞争对手打价格战的时候受到重创，大多是因为经营者本身就没有构筑起一个明确的经营理念，这就是问题的症结所在。举个例子，如果两家店都很平淡无奇，那么客人去哪家店买东西，完全取决于哪家的东西更便宜。以前的时候，人们会看报纸里夹的广告传单，现在可以在手机上查看价格信息，从而挑选最划算的那家，这是消费者一贯的做法。

那么，成城石井是如何构筑经营理念的呢？回想到1965年，我还在为石井食料品店忙碌的时候，突然感受到了来自对面那家小田急 OX 超市的强烈冲击，当时我下决心将来一定要开一家超市，终于在 1976 年迎来了第一家成城石井超市。在筹备开超市的这一段时间里，我首先思考的就是竞争对策。我认为人要看清形势，如果没头没脑地只知道向这种采购量庞大的连锁超市发起价格战争，百分之一百会输得很惨。我当时面临的最大课题就是，如何制造差异化，打造一个特殊的成城石井。

2. 与其竞争不如共生

当时我打算开一个占地面积 85 坪的新店。对面的小田急 OX 超市仅仅食料品卖场的面积就有大约 200 坪，加上杂货什么的总面积差不多有 400 坪，总面积是成城石井超市的 4 倍以上。但是，像这样的连锁店，无论开在哪个城市哪条街，卖的基本上都是一样的东西。换句话说，它们店里的商品，未必都是成城的居民需要的东西，而成城的居民需要的东西，它们店里也未必都有。于是我就把居民需要的但是小田急 OX 超市里没在卖的东西放在成城石井里出售，心想如果两家店的商品凑在一起刚好能满足成城居民的需求，岂不是完美。所以当时我考虑的战略方向并不是竞争，而是共生。

和东京的田园调布、松涛之类的街区一样，成城也是东京的高级住宅区之一。但是，由于成城地理位置距离东京市中心较远，所以很少有商业精英和极度繁忙的人住在这里。然而，很多文艺界的名人喜欢住在成城，比如柳田国男、野上弥生子、大冈升平、水上勉等等。1932 年，写真化学研究所（现东宝株式会社）成立。受此影响，像黑泽明、市川昆这些电影导演，还有三船敏郎、石原裕次郎这些电影明星也住在这一地区。

成城这个名字来源于一所叫作成城学园的学校，就像文字中体现的那样，成城一直以来都是一个富有文化氛围的街区，充满了知性色彩，完全可以用摩登或者优雅来形容。正因为有这样的地区特色，而且居民大多是有过海外经历的人，所以住在成城的人普遍见识广、眼光好、要求高。所以，一般的连锁超市里的普通商品怎么能满足他们的全部需求呢？

成城石井的前身——石井食料品店里，既摆放了一些普通的商品，也会摆一点价格偏高、质量更好的东西。这些大多是水果。在以前的时候，水果店往往兼具礼品店的功能。这种价格偏高的优质商品在成城石井超市里卖得特别好。

在我准备开超市的时候，已经慢慢琢磨透了成城街区的特性，同时也在考虑怎样打造一个让顾客满意的超市。在这个过程中，我慢慢明晰了成城石井独特的经营理念。我发现在成城这个地方，大家追求的就是高品质的生活。于是我一鼓作气，撤下了全部品质欠佳的商品，从此只出售高品质的商品。成城石井就这样一步步确立了自己的特色。

结果证明，我当时选择与小田急OX超市共生的理念是正确的。像成城石井这样的店，在小田急线经堂和下北泽是没有的。我们在顾客群中的评价非常好，不仅是成城和成城附近的街区，就连住在东京市中心的人也会为了买到日本不多见的商品来到店里看一看。说到营业额，成城石井起初是日均250万日元，最高的时候能达到日均1 700万日元，全年营业额达到了63亿日元。

一个中小企业想向大企业发起挑战，那么就一定要采取差异化战略。这个道理虽然好懂，但是说起来容易做起来难。虽然这是一件需要勇气的事情，但是成城石井坚持了自己的理念，把小田急OX超市里没有的商品放在店里出售，而且丝毫没有动摇自己的坚持。如果一定要用ABC分析法来解释我的做法，那就是：并不像其他超市那样格外重视 A 档（卖得好，销售额高）的商品，正常出售 B 档（卖得一般，销售额一般）的商品，也会把 C 档（销量不太好，销售额不高）的商品好好包装宣传，正常出售出去。总而言之，在我的眼中，ABC 三档商品是一视同仁的。虽然 C 档商品在市面上不常见，即便它具备稀有价值，自然也不会贡献太多营业额，但是通过努力把卖得不好的 C 档商品好好包装宣传，那么客人也有可能会顺便买一些计划之外的东西。

当你来到成城石井，就会发现这里有不少其他店里没有的商品，它们为成城石井带来了价值。在这里我想说一句，并不是只有畅销货才能带来价值，你也可以选择另辟蹊径，那就是不卖畅销货。

3. 专卖店的集合体

我的目标是打造一个"专卖店的集合体"，具体是指每一种商品都是一级品，每个卖场里出售的商品的质量和从专卖店里买到的一样好。虽然成城石井采用的是超市的经营形式，但是我们的目标是，无论是肉还是蔬菜水果，所有部门的商品都要达到专卖店的水准。我希望连专卖店的人看到我们的商品都能在心里想"成城石井的东西可真不错啊！"比如我就常常在心里想，如果哪天有千疋屋总本店或者新宿高野的员工看到我们的水果卖场，能发自内心地感叹"成城石井的东西可真不错啊！"那该多好啊！

事实上，我也对各部门下了指令——一定要卖最好的商品。由于最好的商品大概只有1种，所以我们只要做好挑选就可以了。在某种意义上来说，这是件挺轻松的事。如果我下的指示是从中级商品中尽量挑选出好一点的商品，那就会不一样了。因为属于中级品的商品通常会有好几个种类，需要从多个选项中做选择，我们就要花费数倍的时间和体力。

那么，如何挑选最优商品呢？基本的做法是先要自己看、自己尝、自己检查，不能听信批发商的话随意采购。我说实话，别去相信批发商的话，因为单凭自己掌握的那点商品知识，怎么可能玩得过批发商。我认为最保险的做法就是脚踏实地，调动自己的味觉、嗅觉、视觉、触觉等所有的感觉来判断该不该买。

其次，要获得正确的信息。想要开一家不错的店，就必须掌握每一个商品的信息，随时掌握商品质量的好坏。当然不光是在挑选商品时要掌握正确信息，在整个经营活动中也要做到持续、全面地掌握正确信息。经营一家公司，无论是商品也好，管理也好，人事制度也好，任何一个环节缺少了正确信息，就会有半路翻船的危险。

为了把每一个部门都打造成质量比肩专卖店的水准，我也默默学习了很多商品知识，而且为了掌握更多正确的信息，我也费了好大工夫。对任何人来说，错误的信息都会毁了自己。作为一名经营者，我的课题就是如何打造一个有组织的信息网。

4. 高性价比

人们常常会把成城石井归到"高级超市"这一类,但是这里说的高级并不意味着价格高,这点我一直都很清楚。没错,我们的目标客户群体就是经济上有富余的那些人,但是大家也都知道,有钱的人往往也比较小气。一个东西即使售价很高,倘若他们认为不值这个价,也不会掏钱。这是为什么呢?因为大部分有钱人擅长思考,见多识广,更容易看透事物的本质和商品的真正价值。他们不会为自认为无价值的东西花一分钱。

成城石井之所以得到顾客们的支持和青睐,并不是因为成城石井以高价售出高级商品,反倒是因为成城石井把高品质商品的价格控制在合理的水平,这体现了成城石井的高性价比,也是顾客爱我们的原因。比方说顾客要买高级食材,他一定会去商场或者专卖店,不然他不放心,也不相信会在别处能买到符合要求的食材。成城石井作为一家替顾客考虑的优秀超市,尽可能把顾客在所有普通超市里和街边小店里买不到的高级食材搬到店里,而且商品的定价低于外面的商场和专卖店,换言之就是把外面商场里的商品降价卖出。我们通过提高性价比,营造出比较便宜划算的感觉,必然会获得顾客压倒性的支持。

我想到一个小故事,它可以证明我们有多么受顾客喜欢。曾经有一位顾客生病了,好多朋友带着哈密瓜来看望他。这个时候，如果其中有人带了售价 1 万日元的哈密瓜，那么其他的人也会自然地保持一致，也会花 1 万日元买个差不多的哈密瓜。这些哈密瓜虽然在外观上没什么区别，但是实际尝一尝就知道，味道截然不同。很明显，那个裹在成城石井包装袋里的哈密瓜更好吃一些。

听了这个故事，你应该就能感受到成城石井的巧妙之处。如果想在别家店里买到高档哈密瓜，那么就要接受它 1 万 5 千日元上下的价位。如果只想出 1 万日元，那么你在这家店里买到的只能是中档货。但是，如果你选择的是成城石井，就完全可以只花 1 万日元，买到最高档的哈密瓜。尽管是同等价格，但是实际品质完全是两码事。下次该去哪家买哈密瓜，客人心里早就有数了。这些已经体会过成城石井商品高性价比的顾客，不断地将这一事实口口相传，成城石井的名气就这么传播出去了。

为了能让顾客体验到划算的感觉，我们特地想办法用低价采购高品质的商品。我们坚信千万不能什么都依靠现有的代理商来选货进货，而是要靠自己的眼睛和舌头，哪怕走遍全日本，甚至飞到国外，只要能找到优质的货源，一切的付出都有意义。当然有时候我们也会拜托生产厂家来定制成城石井的专供商品。我们通过这些办法，争取到了商品更低的进价，同时也找到了顾客需要的商品，二者兼顾，高性价比就此诞生。

5. 件件都是拿得出手的礼物

成城常住居民家里的小孩，大多数就读于成城学园。孩子们的家长之间互相关系都不错，也时常会在附近小聚。这时候家长往往都会带个伴手礼，也算是当地的一种文化吧。

一般来说，挑选伴手礼，肯定是不能在对方家附近选，这是基本的礼貌。但是大家都知道成城石井的东西质量特别好，如果带着成城石井家的东西登门拜访，对方一定会很高兴，即便这种做法确实违背常理，但是成城石井就有能力让人们破例。而且，如果要到成城以外的地方去，人们基本上都会从成城石井选好伴手礼带过去。我听说有一些从小在成城长大的女孩子，由于结婚不得不去外地居住，每当她们回到故乡，父母都会买好成城石井的伴手礼，等回去的时候让她们带走。

正是因为我们只为顾客提供优质的商品，件件都堪比礼品的品质。当人们不需要送什么大礼而是只需要说一句"小小玩意儿不成敬意"的时候，成城石井刚好可以满足他们的需求。

6. 发现好商品，大量出售

成城石井还有一个特点，那就是顾客往往很喜欢成城石井推出的新商品，而且新商品的销路都不错。其实这背后是有原因的。我们亲自前往各个不同的产地发掘优质产品，一旦找到，就大批量采购然后出售。在成城石井,无论是蔬菜水果、新鲜鱼类还是干货、进口商品,此方法都适用。

我想举一个葡萄酒的例子来说明一下。德国摩泽尔(Mosel)地区生产一种很有名的白葡萄酒叫作雷司令(Riesling)。它的黑猫标志非常出名,在全世界都深受喜爱。雷司令是大众商品,以其清新的口感和略微甘甜的味道受到人们喜爱,认知度非常高,人们的评价非常好,味道也配得上它的水准和名气。

在雷司令产地的那一片地区,还有其他产自更加优质产田的葡萄酒,它们的味道非常好,但是因为没有冠上雷司令的名字,所以知名度不高。于是成城石井给这种产自高级产田的葡萄酒冠上了低一级的雷司令的名字卖出去了。由于雷司令名声在外,具备很大的优势,所以这酒当然卖得很好,顾客只需品尝一下就知道它比之前喝过的所有酒都好喝。由此,成城石井出售的雷司令就成为了全世界最好喝的雷司令。就是这样,我们再一次满足了顾客。

像上面讲的,发现优质货源、大批量采购、大批量出售,这就是成城石井的技巧之一。

美国著名连锁超市乔氏(Trader Joe's)当年出售过仅 2 美元的查尔斯肖(Charles Shaw)系列酒,该系列酒价格最高也只有 13 美元。这些便宜美味的原装酒非常有名,听说年销售量能达到 10 万箱。我觉得这也是个挺有趣的尝试。

7. 不一定要自己宣传

说实话，成城石井从来没有做过故意大肆宣传自己的事情。我们努力引进这么多好的商品，也是为了让商品本身成为我们的广告。一个品牌之所以能建立，离不开顾客的好评和宣传。现在网络这么发达，顾客可以通过社交网络发声，但是对于商家来说，无论在哪个时代，顾客的口碑都是同样重要。在成城石井看来，顾客对我们的认可，就是对成城石井最好的宣传。

具体来说，我们不想在宣传文案里写那些类似"这是好东西""这是某某家做的，所以质量很好"的广告词，既肉麻又夸张，反之，我们更倾向于把商品的介绍文作为宣传材料。再举个例子，我们不会把日常广泛使用的普通味噌和酱油拿来当作特价商品，而是把档次更高的商品拿出来特价出售。

这样一来，很多在之前只知道普通酱油的顾客，就会在成城石井里趁着打折，买一些平时没用过的高档货，比如使用由日本国产材料精心酿造多年的优质酱油。顾客使用之后就会发现高档酱油就是好，无论是鼻子闻到的香气还是嘴巴尝到的味道和之前用的普通货比起来，完完全全不在一个档次。顾客开心极了，不经意间就会和朋友推荐这个酱油真的是非常好吃。一旦尝过这个味道，记住了这种美味，顾客就很难再重新吃回之前那种普通的酱油了。于是，他们从此开始购买这种高档酱油,顺便还会买点其他的东西带回家。

　　还有一个,就是我在前面也提到过的,礼物也是一个很好的宣传工具。顾客尝过成城石井商品之后说"这个很好吃啊",然后就会推荐给朋友。那些之前不知道成城石井的人,在第一次吃到朋友送来的礼物后就知道了成城石井,进而变成成城石井的忠实顾客。所以说,礼物也是一个很好的广告。

　　正是因为我们对自己的商品有足够的自信,所以才不会刻意地大肆宣传推广自己。顾客是最诚实的人,他们绝对不会买自己不喜欢的东西,一旦他们不满意了,就会马上扭头去买别家的东西。反过来,如果他们喜欢成城石井的商品,一定会三番五次地过来消费,而且会向身边的人推荐成城石井。

8. 把所有商品都变成嗜好品

　　一般来说,食料品分为生活必需品和嗜好品。狭义上来说,大米、味噌、酱油、盐,这些东西都属于生活必需品,酒、茶、咖啡,这些都属于嗜好品。

　　在曾经那个物资短缺的年代,大米是很难搞到的,因此那个时期的大米属于嗜好品。但是日本人饮食的主要部分就是大米,所以我认为最便宜的奢侈享受就是大米了。在价格方面,我举一个牛肉的例子,市面上 100 g 的牛肉价格范围从差不多 200 日元到 5 000 日元不等,价格差幅非常大,最大有 25 倍的差距。如果你的经济状况不够理想,那么肯定买不起最贵最上等的牛肉。但是大米不一样，最贵的大米也只是比最便宜的贵1倍而已。所以，在一开始经营大米业务的时候，我们只在卖场里摆了两种大米，一种是鱼沼产的越光米，还摆了另外一种大米。实际上，成城石井卖的大米虽然价格高但是质量也一定好。

除了刚刚提到的酱油，成城街区的居民也会把其他的生活必需品当作嗜好品买回家。这种人并不少。为了满足顾客追求嗜好品的需求，我们考虑到要不断丰富商品种类。

当时，成城石井的核心目标顾客群是年收入2 000万日元以上的阶层。在当时看来，这个大概是银行的分行长或者上市公司董事级别的水平。这个收入群体的人具备足够的经济实力，在成城石井买齐所有的食料品也毫无压力。

范围再放宽一些，哪怕并不能在成城石井购齐全部家里需要的东西，但是如果对我们的某些商品有偏爱的或有讲究的顾客也是我们的目标客户。比如说，有些顾客会青睐某些特定的商品，在新年1月或者节日的时候，也可能是在圣诞节或者搞聚会活动的时候，奢侈地买一些平时不会吃的东西，这种客人也有很多。

任何商品的品质都有好坏之分，因此，我们越是对味道有追求，对质量有追求，即便是生活必需品，也会从中孕育出嗜好性。为此我们需要不断努力，仔细去理解顾客的需求。

9. 得到专业人士的支持

在把成城石井努力打造成深受一般顾客喜爱的店铺同时，我们也希望能得到专业厨师和餐饮专家的支持。为此，我们为餐饮业的专业人士提供了种类丰富的商品。我拿香辛料和调味料来举个例子大家应该很快就懂了：专业人士用的砂糖、酱油、食用油等等肯定不会和一般家庭使用的一样。欧洲的一些食材，比如说做意大利菜用的特级初榨橄榄油、马苏里拉奶酪、帕尔马奶酪等，正是因为出售它们的店铺少之又少，所以成城石井才有机会受到专业人士的喜爱。

现在市面上有越来越多面向餐饮店经营者的"业务超市"，其实成城石井老早就发觉了这一商机。餐饮店的员工来成城石井采购原料，主要原因并非看中了较低的价格，而是在他们寻找地道的材料的时候跑到成城石井，一定会买到需要的东西，并且品质也不打折，不会影响接下来的工作。

为什么成城石井老早就有这种经济头脑呢？那是因为在很早以前，成城街区住着很多教餐饮的老师，开了很多餐饮学堂。为了满足教学要求，这些学堂经常会做一些跟当下时节无关的东西。比如，一般家庭通常会在年末的时候准备新年正月料理，但是餐饮学堂由于课程需要，它们在任何季节都有可能需要这些食材。学生们马上要上课了但是没办法备齐菜单上的食材，学生们会很苦恼。如果在附近的超市里也买不到材料的话，那简直太不方便了。

我们考虑到了这一点，决定在店里哪怕是夏季也会出售正月料理需要的食材，比如甜煮栗子、黑豆、鲱鱼子等食材，并且保证不会缺货。实际上这些商品只有在年末才有销量，平时基本没人来买。然而，即便这样我们也会把它们一年到头都留在卖场，因为我们害怕任何一名顾客买不到自己想要的商品，哪怕是再细微的要求我们也会尽量满足。

之后，把这种向专业人士提供商品的理念贯彻得更加彻底的是 ATRE 惠比寿店。惠比寿周边的餐饮店非常多，而且大多是个人经营的小店。这些店在缺货的时候，面临"食材用光了""现在马上就需要那种调味料"情况的时候，他们就会来成城石井店买东西。所以，惠比寿店虽然店铺面积不大，但是调味料的种类繁多，香料的品种也非常多。

惠比寿店开张之后，果不其然，好多专业人士来店里买东西。此外，成城石井不仅在他们需要补充的时候能帮上忙，甚至有些顾客已经通过我们来采购食材了。

10. 把信息转化成价值

商店是实现货币与物品交换的场所。商店通过赋予商品一定的信息，再把信息传达给顾客，商品就有了价格以外的价值。在这里，交换的过程发生了变化，顾客在花钱购物的同时也为信息的价值买了单。

尤其是成城石井的顾客，不仅追求商品自身品质，也追求更多价值。如果他们接收到有价值的商品信息，他们就会安心消费。所以，我们致力于让好的信息能够持续流通，在商品的价格卡片上会加入一些简短的商品说明。

各个部门的采购员都具备深奥的商品知识，其水平足以看透市场上任何一件商品的实际品质，他们会把商品的特性记在原稿上并使其数据化。在商品条码上，首先设定一个框，把商品的说明文字限定在一定字数以内，然后扫一下商品的条形码，指定好大小，就可以输出附带商品说明的价格卡片了。

关于葡萄酒，比如标上"GRAND VIN"的优质葡萄酒，顾客本身已经了解了它们的产地和味道，专业人士当然也不需要它们的信息，所以我们没有给它们加上说明文字。但是，除了这类众所周知的优质葡萄酒，如果是品质很不错的酒，或者我们认为它们将来有可能会出名的酒，我们通常会把它们有价值的信息全都认真写出来以便让顾客知晓。

有一位法国的葡萄酒大师曾说："我从来没有见过任何一家店能像成城石井这样有如此品种齐全的葡萄酒。"成城石井里全部都是品质优良的商品，所以，无论顾客对葡萄酒是否了解，我们都有义务贴心地提供简单易懂的商品信息供顾客参考。那时候不像现在，不能在智能手机上马上检索出商品的信息，所以我们更要替顾客多考虑一点。

顾客只有得到更有价值的商品信息，才能做出更明智的选购。成城石井希望自己能够把从产地得到的第一手信息也传达给顾客，从而让商品价值提升，让顾客像个行家一样参与进来，只有这样，传统的钱物交换才会变得更有意思。

11. 一个不讲究的成城石井

有一段时间,"讲究"(こだわり)这个词很流行,"讲究的食材""讲究的挑选"等等各种带"讲究"的词层出不穷。但是成城石井不是一个讲究的超市,这就是成城石井的基本立场。

成城石井不讲究的理由是,每个人的人生观不同,各自的"讲究"也不同,我的"讲究"不应该强加给别人,超市的"讲究"不能硬塞给顾客。作为一家优秀的超市,不能单纯因为自己喜欢什么就卖什么。举个例子,如果一家餐厅的卖点是主厨做出来的味道,那么对那些与主厨抱有同样讲究和爱好的人就喜欢来消费。可是,一家超市要满足的是大众群体的需求,那么就不可以只顾全某一部分人的需求,不然这家超市马上就会关门大吉。

所谓讲究,无非就是自己带着有色眼睛来看事物。如果戴了蓝色眼镜,那么看到的东西都蒙上了蓝色。如果我们戴的不是透明眼镜,就没办法看到客人真正的颜色。能够在清晰无色的视野里看清楚客人的想法和喜好,观察他们的需求,然后满足他们,这就是商业的秘诀。

12. 赢得女性顾客的芳心

最近这几年,喜欢钻进厨房研究做饭和擅长做饭的男性越来越多了，虽然很多家庭主夫也逐渐得到社会的认可，但是一直以来大多数家庭里负责做饭的还是女性居多，来超市买东西的基本都是女性，可以说，超市就是女人的天下。

因此，超市必须要在商品种类和店内布局上讨女性顾客的喜欢。我们会从女性顾客的角度出发，尽量满足女性的需求。

成城石井有一位岛崎女士，她之前在我母亲的手下做事，锻炼出了很强大的个人能力。成城石井有她的存在，我们觉得很幸运。她对于成城石井一直坚持的"品质"有着相当透彻的理解，而且能够以女性的身份，从女性特有的感性角度出发，来推测哪些商品是有可能受到女性顾客青睐的。无论是对商品的呈现方式还是布局，她都将自己的智慧发挥到了极致，比如生鱼片的厚度最好是多少，用怎样的切法才能方便主妇做饭，怎样让女性顾客开心，等等。对于这些细小的方面，她都有自己的看法和见解，并且她会随时提出来供我们参考改善。

现在的日本依然被人诟病，人们指责日本社会对女性的社会活动还不够支持。我们可以看到，在企业里依然是男性占主导地位，很多推出的政策都与女性需求的满足相差甚远。但是成城石井从一开始，就贯彻要做一个受女性欢迎的公司的理念，人事制度里也有积极聘用女性员工的内容。我们坚信女性员工的努力和女性特有的智慧，能够让成城石井更加贴近女性顾客的心，同时也帮助成城石井的成长与发展。

03

第三章
成城石井的商品战略

1. 选择成城石井的理由

　　成城石井的座右铭是：高品质的商品，合理的价格。我们非常看重这一点，这也是成城石井之所以强大的原因之一。经营者要想店铺生意兴隆，首先要突破的第一个关口就是招揽客人，因为要成为一家百里挑一的店并不那么简单。所谓市场营销，就是给自己一个受顾客喜爱的理由。所以说，市场营销实在是太重要了。

　　我们已经找到了市场营销的重点，那就是成城石井的商品。得出这个结果，并不是因为我们老早就树立好了商品战略，而是因为成城石井不断追求以合理的价格提供给顾客优质的商品，在此过程中一步步明确了自己的商品战略。我们希望能在顾客心中留下一个靠得住的印象，当顾客发现有一件东西在外面怎么也买不到时，马上能够想到"去成城石井找找看"。我们认为一个超市能够做到这个份上就真的很厉害了。因此商品本身就是成城石井招揽顾客的重要法宝之一。

如果没有和小田急OX超市共存共生的经历，也许就没有成城石井现在的商品战略。成城石井在开店伊始，巧妙地避开了旁边小田急OX超市的冲击，采用差异化的生存战略。当时我们决定在成城石井出售小田急OX超市里没有的东西，也就等于出售在一般超市和商店里买不到的东西。所以，成城石井特有的商品就自然而然多了起来。

有意思的是，质朴的商品竟然格外有人气。有顾客大老远跑来就是为了看掺了虾肉糜的虾肉糕。当我们问他为什么，顾客说："一般的鱼肉糕到处都买得到，但是这么好吃的虾肉糕只有成城石井才有。"另外，我们从产地直接采购的小沙丁鱼干人气也很高。也有很多客人说我们的豆腐和纳豆特别好吃。这些都是我和岛崎女士远赴其他城市亲自挑选采购的好东西。

2. 采购要活用买参权

买参权，意思是在批发市场直接购买商品的权利。批发商来到批发市场却没有买参权，等于无法参与竞拍。成城石井的基本原则就是发现好的商品然后尽可能低价买入，因此我们拒绝把采购环节交给批发商，而是亲力亲为，活用买参权。

举个例子：到了中元节或者是年末的时候，批发市场里生意特别好的要数牛肉特别是高级牛肉了，其中最有名的是现在的京都高级日本餐厅里使用的前泽牛肉。因此，为了尽可能地以低价拿到优质牛肉，虽然我们对自己在东京的扩张很有自信，但还是借来了买参权，希望能够亲自去批发市场低价拿货。因为大家都知道成城石井只肯买上等的东西，也听说过我们买过一头在品评会上拿过奖的牛，所以人们推测成城石井的竞争对手是明治屋。纪之国屋有自己的采购途径所以这里就不提它了。

其他比较有名的牛肉比如具有代表性的松阪牛肉，我们会给员工下指令要求他们"看到实物再买""亲自去产地采购"，直接派员工去松阪本地看货。

以前没有"牛肉追踪系统"，直到 2001 年日本出现了疯牛病的病例，才在 2003 年开始建立牛的个体识别制度，这样就可以查到每一头牛的出生日期和生长环境了。

当然，也可以查到饲养人的名字。我们要求采购负责人给饲养人写封感谢信，比如写"肉质真好，十分感谢"。这样一来，饲养人就会在准备发货的时候告诉我们"明天发货"之类的信息。第二天我们的员工就会前往市场把这些质量好的肉从市场里买回来。我们就是这样全方位寻找优质货源的。

鱼类是东京市场上流通量最大的商品。最初我们是从水产批发市场采购鱼，但是后来我们觉得种类不够多也不太满意，所以就亲自去产地采购。客观地说，东京的水产市场上鱼的种类和数量已经非常丰富了，但是仍有一个无法避免的问题，就是如果天气恶劣，捕鱼量会不稳定，批发商为了调整供需，就无法保证每一条鱼的新鲜度。然而产地的情况和批发市场就不同,在产地捕上来的鱼会马上出售,所以要买新鲜鱼类一定要去产地,对此我深有体会。

实际上,我们在产地采购,通过买参权收货然后在东京支付,这就是我们的流程。这是因为我们持有东京批发市场的买参权,所以要等到收到产地运来的货之后才能支付,这样就保证了成城石井商品的稳定品质。

冰见市的鰤鱼以及青森县的金枪鱼、墨鱼、秋刀鱼等,我们都是尽量从产地直接采购。尾道市批发市场的贸易公司会把采购好的野生凤尾虾、鲷鱼、濑户内海的小鱼等等寄给我们。透明小沙丁鱼是在静冈县的用宗这个地方捕获的上等货,它的捕获季节一年里只有短短几个月,所以我们常常为了采购到优质货品四处奔走。

3. 去远方寻找商品

成城石井在做采购的时候,基本上不会听信批发商的话,而是派自己的员工远赴产地,亲自品尝味道。一般情况下批发商给各家超市供货的品种和质量都大同小异,但是我们的想法是去找一些别的店没有的,能讨顾客喜欢的东西,所以我们选择亲自去找。

这时,有效信息最重要。这就关系到从哪里听到怎样的信息了。我们去外地寻找当地原产的美味食物,去逛各地的商场和特产店,以及那些所谓的精选店。还有一个好办法,我们问批发市场里的工作人员"您老家是哪里的?""那里有什么好吃的东西推荐吗?"然后我们再去他的家乡找这些好吃的东西。

回想起我们找的这些东西里面,好吃到让我们激动不已的当属兵库县的香住蟹了。每当2月下雪的时候,日本海的鱼都会游到但马地方最大的香住渔港。虽然现在红松叶蟹变稀少了,但是当时红松叶蟹产量很高,所以价格也不高。我们把这种螃蟹的腿肉剔下来装袋封好,每袋售价1 000日元,一天就能卖掉10万日元,广受顾客好评。

当时关东人还不是很习惯关西人经常吃的圆斑星鲽(鲽鱼的一种鱼),我们在当地尝过之后觉得不错所以就采购了。可能我们是最早把它引入关东地区的商家吧。后来,我们还发现了关西高知县随一地区的高品质润目沙丁鱼。果然还是要去当地看看实际情况才能找到潜力商品啊!

4. 北海道之行

说到咸干货,因为北海道的咸干货很有名,所以我们就去了北海道。但是如果盲目行事的话就很难找到真正的优品。成城石井到底要怎么样才能找到鳕鱼子、鲑鱼制品、咸鱼子这些咸干货里的上品呢?于是我就开始思考"懂行的人到底是谁呢?"

在商品大量聚集的渔港和加工厂里掌握有价值信息的人会是谁呢?我认为最有可能是船具店的人。船具中最基本的是渔网，所以我们就电话联系了日本最有名的渔网公司日网（NICHIMO）。我问道："贵公司一定知道各地的好商品吧，请问您可以推荐一下吗？"这样一来，日网公司就已经具备了供我们咨询的功能了。之后，日网公司的员工和我，以及岛崎女士就在北海道分头寻找了。

在北海道发现的东西里面，最令我们印象深刻的是时令大马哈鱼，其产区位于北海道东南区域的襟裳町。从地图上看，在北海道的中央偏下角的部分有一个地方叫作襟裳岬，千岛寒流和日本暖流在这里交汇，形成渔场，但是只有在初夏捕获的大马哈鱼才是时令大马哈鱼。一般来说，大马哈鱼为了产卵要在秋天游回江里，所以初夏时节就是大马哈鱼产卵前养分最充足的时候。此时的大马哈鱼肉口味甘甜，非常美味。

我记得当时好像1千克时令大马哈鱼能卖到2 000日元。虽然只发现了一家店铺，但我们一口气就订了10吨。我们支付了现金之后，用盐保存鱼肉，并放在仓库里储存。像这种品质好的东西，即使用盐保存1年也不会影响品质。关于鱼肉的切法，在岛崎女士的指导下，我们没有像以前那样把鱼肉斜切成薄薄的鱼片，而是切成厚厚大大的一块摆出来售卖。果不其然时令大马哈鱼受到顾客巨大好评，日销售额一度达到10万日元。之后过了大约5年，渔场几乎捕不到时令大马哈鱼了，所以我们就换成了红大马哈鱼，但是品质再也达不到时令大马哈鱼的水平了。

我想到，如果用红大马哈鱼来做烟熏鱼，应该会很好吃，所以我就在王子三文鱼店买了好多远洋捕捞的红大马哈鱼。伊势丹好像也和我们买了一样的红大马哈鱼。后来我们就直接去加拿大采购了。

说到鳕鱼子的话,要属虎杖浜鳕鱼子最好吃。现在虎杖浜已经品牌化了,知名度也上去了。当时和我一同前往北海道采购的同事,他在成城石井采购的最后一单就是在北海道的留萌市采购的 10 吨鳕鱼子。

毛蟹要属北海道纹别市的最好吃。毛蟹被浮冰冲到远海后,在 5 月份前后开始脱皮,脱皮前甲壳会变得格外坚硬,叫作"硬蟹"。把这种硬蟹放在味噌里腌,味道再好不过了。白天捉到的硬蟹,傍晚煮熟,晚上从纹别市开车运到千岁市,赶最早的一班飞机运到羽田机场,待我们取到后马上运到店里面摆好出售,销量十分可观。

5. 大阪之行

早些年,市面上只有那种比较潮湿的关东式的小沙丁鱼干。成城石井有很多关西地区出身的忠实顾客,他们认为杂鱼干比小沙丁鱼干更好吃,所以我们就决定前往大阪当地市场寻找关西人民喜爱的较为干燥的杂鱼干货源。

在东京的市场里,卖小沙丁鱼干的通常都是小店,但是我们在大阪发现了占地 30 坪以上的大店,这令我们非常震惊。其中,在一家气派的大店旁边的一家卖小杂鱼干的小店吸引了我的注意。这么小的一家店铺能在一家大店旁边维持生意不倒闭，一定有它的独特之处，说不定这里面有杂鱼干方面的行家。虽然这家店只有一个小小的门面，但是我们也和它签了合同，也让东京的顾客饱了口福。

当时在大阪我们还发现了一个宝贝，那就是德岛县的特产鸣门金时红薯。因为考虑到当时东京的超市里都没有这个商品，所以我们就采购了一批马上运到店里出售了。鸣门金时红薯在批发市场是要一个一个商家参与竞拍才能买到的，所以为了采购优质的鸣门金时红薯，我们跑了好多当地的市场。因此要想在东京以外的地方找到好的货源，就一定要去当地亲自挑选进货。往往最懂吃的人都住在市场里。

6. 京都之行

与我共同寻找京都特产的是神谷先生。他是我大学时代的好朋友，从西友来到成城石井，一手建立起人事部。他虽然是大阪人，但是学生时代是在京都度过的，所以对当地情况非常了解。这次采购中他也帮助了我很多。

京都这个地方很有意思，他们绝对不会把好东西输出到东京，输出去的基本都是低档次的东西。我切身体会到了京都的"肥水不流外人田"文化。京都的地理位置很好，周边有很多优质食材的产地，自然有很多优质食材。比如兵库县丹波市的黑豆、滋贺县安昙川町的鲫鱼寿司、琵琶湖的佃煮蚬子肉、小浜的腌渍小鲷鱼等等。由于京都周边有太多好东西，所以我们在这一带转了又转。

7. 如何在沙土中发现金子

正是这样，我们一步步将真实存在却又不被东京的顾客所知的日本各地美食带回来并介绍给东京的顾客。现在电商平台的"选好送到家的美食"非常有人气，但是成城石井把专业美食家选好的东西摆到店里出售，这种方式我们一直都在实践。虽然把日本各地的特产美食商品化的这种业务，之前在各大百货店里已经开展了，但是我们想把这些在超市里也展开，借此创新超市的新业务。

在东京生活着来自日本各地的人们，所以日本各地的美食在此肯定会大受欢迎。成城石井并不只出售比较常见的商品，我们也出售比较少见的商品。我们希望顾客能来捧场，更希望顾客能够尝一尝，了解它们的味道。

成城石井中到全国各地寻找货源做采购的只有我和岛崎女士两个人。由于中途我们在日本各大市场考察的时候出现了一些纰漏，所以不得不三番五次地跑，浪费了一些时间，真是十分可惜。我在引退之后又去了日本其他地方转了转，也看了电视上相关的节目，才知道原来日本本土竟然有那么多好东西。

我认为，现在的超市，尤其是东京以外地方的超市，它们的产品缺乏时代感，原因之一就是商家接收和发送信息的能力欠缺。这些地方明明有那么多好商品，但它们却不太擅长向其他地方宣传推销。本地居民吃惯了的东西，也许对于其他地方的人来说就是罕见又珍贵的美味。所以，超市要把批发系统变得组织化，把当地好商品的信息发出去，而且也要学习其他地方是如何处理商品信息的，要学会共享商品信息。现在，电商完全走在了它们的前列。

超市行业的不景气还有一个原因，我认为，是缺乏积极的策略。工作人员一方面要具备专业人士的气质，同时也要自信满满地向客人介绍商品。当他们听到客人发自内心地说"竟然有如此美味的东西啊"时，应该为此由衷高兴，因为是他们让客人了解从未见过的东西，把这份美味传达给客人。我认为超市的经营者们有必要重新考虑一下这种积极策略的做法。

8. 要求员工"看过再买"

我把生鲜食品的采购工作交给了部门负责人，但是具体要采购什么品质的商品，还是要根据我的指示行事。我对员工的指示是"买好东西回来"，没有人会对此持反对意见。因为每个人都想采购到优质的商品，所以工作时都处于开心的状态。一次寻找优质商品的过程本身对他们来说就是一次很好的锻炼。

我一直都要求采购的员工，必须看过尝过才能下订单。因为即使在市场购买哪怕是同样产地的同一种商品，也有可能昨天好吃但是今天就不好吃。在添加新商品的时候，我和岛崎女士一定要检查一遍，确认顾客是否喜欢，再决定是否要下单。

由于我们非常想找到那些味觉灵敏的人作为我们的采购买手，所以费了好大心思寻找人才。但是我认为这种人一定是要从小就吃高质量食物长大的，不然无法分辨味道的好坏。我曾经遇到一位年轻的女性，当时我认为她很适合这份工作。这个小姑娘当时住在成城，是东京女子大学的毕业生，有着非常灵敏的味觉。所以我亲自写了一份邀请信给她，也给她妈妈打了电话，讲述了我的想法。但是，她以身体状况一般，无法胜任超市繁重工作为由婉言谢绝了，之后进入了政府机关工作。后来我也寻找了很多味觉好的人才，但是说实话他们甚至还不如我的女儿们。

9. 商品的决定权掌握在少数人的手里

在成城石井，是否采用新商品，决定权在于我和岛崎女士两个人。当然，我们也会听员工的提案和意见，但是最终做决定的一定是我们二人中的一位。也就是说，我们两个人，就是最终负责检查成城石井的"味道"是否妥当的人，这样就保证了成城石井"味道"的统一性。

是否采用新商品，这个决定需要商讨。但是如果要通过开一个很多人参加的会议来决定的话，一定会出现意见不合的情况。一个东西是否好吃，主要取决于品尝者的味觉，然而成长环境和喜好等要素，都会导致每个人的味觉产生差异。因此，如果要召集那么多拥有不同味觉和不同喜好的人开大会来决定的话，那么成城石井商品的味道一定会参差不齐。

然而我们希望听到的是，客人无论尝到哪一样商品后都会觉得"果然是成城石井的味道啊！这就是成城石井的品质啊！"正因为我们严格实施品质把控，才树立起了成城石井这个品牌的口碑。正因为把商品的决定权限定起来，才保障了商品的稳定性。

10. PB 商品的开发

零售商企划并贴上自己商标的商品叫作 PB 商品（Private Brand，也叫自有品牌）。在食品界，日本首次出现 PB 商品是在 1960 年，即大荣公司（DAIEI）的"大荣橘子罐头"。现在，经过了 2000 年经济不景气导致的 PB 商品热潮，PB 商品的开发已经成了各大零售品牌的固定课题，日本各大超市和便利店里的 PB 商品层出不穷。

比起日本国内其他品牌生产的同样商品，PB 商品的优势就在于价格更低，自然更受顾客欢迎。但是，成城石井并未在价格方面发现可用价值。

成城石井开发 PB 商品的理由是，为了保证提供给顾客的商品的味道和品质始终如一，即便市场上没有满足这种条件的商品，我们自己也能提供。

这一观念萌生的契机是发生了一件某大型生产厂无法给我们供货的事情。曾经有一段时期，长鳍金枪鱼的渔获量减少，导致制作金枪鱼罐头的材料不得不换成黄鳍金枪鱼。这样一来，金枪鱼罐头的味道和品质都不如以前了，对于把品质看得比什么都重要的成城石井来说，总有一种内疚感。虽然现有的原料已经无法保证大型生产商的需求，但总归还是有少量的。所以我们就通过负责人，找到了一家可以为我们生产长鳍金枪鱼罐头的位于烧津的小厂家。这件事是成城石井开发PB商品的导火索。

成城石井第二个开发的PB商品是产自北海道的白芦笋罐头。有一阵，白芦笋的产量减少，很多大型厂家不再加工白芦笋罐头了。但是我们依然想把北海道产的优质白芦笋提供给顾客，于是建立了自有品牌。

第三个开发的是蟹肉罐头。有一阵，作为原材料的螃蟹的捕获量减少，导致许多大型加工厂提高了蟹肉罐头价格。当时一个负责人提议说如果推出蟹肉罐头PB商品就可以保证商品便宜又优质，于是成城石井开始了蟹肉罐头的生产。

开发PB商品的时候，最为重要的就是要保证PB商品现在的品质不能低于它一开始被PB化时的品质，而且要尽可能提高它的品质。如果顾客品尝后会说出"商品PB化了，味道就没有以前好了"一类的话，那就失去了PB化的意义。

11. 安全又美味的香肠

成城石井坚持提供优质商品，不仅要在顾客说"想要这个"的时候马上满足顾客当下的需求，更要快人一步提前发现顾客潜在的需求，提前想到"如果有的话就好了"的商品，然后把这些商品都在店里准备好，这二者都是非常重要的。

其中具有代表性的商品之一就是成城石井自己制造的香肠。一般在日本市面上买到的香肠都是密封好装在袋子里的，仔细看看袋子上写的原材料，就会发现每个商品里面几乎都是添加剂。因为含有这么多添加剂的香肠是不可以给小孩吃的，我们就考虑要不要自己生产香肠，这才有了火腿香肠业务。

最初的时候我们在成城店的3楼找了一间房来作为香肠制造间，请来了一位当时在琦玉种畜牧场肉食公司的师傅，还请来一位在德国深造过的香肠香料方面的专家来给我们指导。大型香肠制品公司生产的香肠不仅添加剂太多而且味道太重，由于小孩子舌头比较敏感，不喜欢味道太重的东西，所以我们决定在自产香肠里面减少香料和辣味，做成比较柔和平淡的味道。

这款香肠出售之后，我们发现虽然推出这款自制香肠的初衷是考虑到小孩子的口味，但是没想到大人们对它也是好评不断，好多客人反映早就想要这样的香肠了。这就再次确认了成城石井的考虑没有错。此外，我们在参加德国举办的展示会上还凭借这款香肠拿到了大奖，在国际上获得了认可，这款香肠成为我们引以为傲的商品。

12. 热销商品更要 PB 化

PB 走向成功的秘诀之一是"越是卖得好的商品越要 PB 化"。从这个想法出发，我们决定要把咖啡 PB 化。这一想法产生的契机也是我们受到了外部因素的影响。

曾经有一段时间，咖啡豆在原产地的价格暴跌。其实咖啡豆是价格不稳定的农作物之一。根据国际货币基金组织（IMF）公布的市场价格数据来看，咖啡豆（阿拉比卡豆）价格的变动是非常大的。

咖啡豆（阿拉比卡豆）的价格变动

（单位：美元）

1989 年 5 月	138.65	2011 年 5 月	293.06
1990 年 5 月	92.02	2012 年 5 月	186.35
1991 年 5 月	87.59	2013 年 5 月	151.43
1992 年 5 月	60.26	2014 年 5 月	215.24
1993 年 5 月	61.48	2015 年 5 月	158.17

（源于国际货币基金组织提供的数据）

虽然咖啡豆在产地的价格降低，但是生产厂家并没有因此降价。我个人认为，既然原材料降价了，那么商品也应当降价，必须让顾客知道事情的真相。于是我们请了三菱商事旗下的优质咖啡品牌来为我们加工自有品牌的咖啡。这样一来，原本每 200 g 售价 600 日元的咖啡豆，现在降价到 500 g 只需 700 日元就能买到。

我们在下调咖啡价格的同时，也提升了咖啡的品质。咖啡豆的种类主要有两种，一种是阿拉比卡豆（Arabica），一种是罗布斯塔豆（Robusta）。无论从香气还是口感来说，都是阿拉比卡豆更胜一筹。但是一般市面上的咖啡大多都是在阿拉比卡豆里掺杂了较苦的罗布斯塔豆的便宜货。成城石井为了追求品质，卖的都是由100%纯阿拉比卡豆制作的咖啡。2013年的时候便利店开始流行便利店咖啡。现在可以看到7-11的咖啡的卖点是纯阿拉比卡豆，沃尔玛也只出售纯阿拉比卡豆制作的咖啡，但是成城石井早在当年就已经打出了"纯阿拉比卡豆"的宣传语。至今，"纯阿拉比卡豆"还是成城石井宣传的要素之一。

就是这样，我们卖出了便宜又好喝的咖啡，受到客人的绝口称赞。自有品牌咖啡因此成为了超高人气商品。成城石井的所有店铺曾在一个月内使用了10吨咖啡豆。

成城石井最初出售的红茶是先购入散装立顿，然后再将其单独包装出售。因为商品低廉的价格，所以卖得很好。因为我们开始做红茶业务大约是在30年前，所以对品质的要求也没有很严格。但是后来成城石井越来越追求高品质，开始把大吉岭红茶、乌沃红茶、阿萨姆红茶这些以产地冠名的高品质红茶自有品牌化。最终，我们请来被称为"红茶界的贵公子"的配茶专家熊崎俊太郎先生为我们挑选高品质的红茶。

后来我们也把"搭配什么都好吃"的沙拉酱汁PB化了。当时是通过丰桥的某家超市帮我们介绍了生产沙拉酱汁PB商品的公司。当时负责产品开发的是杂货区的主任服部先生，他说到市面上买不到甜口的沙拉酱汁，所以我们决定要开发一种突出甜味的商品。结果这款沙拉酱汁一经上市就大受欢迎。

成城石井另一个大受欢迎的商品有点不一样,它是"手卷纳豆"。用海苔卷起调过味的干纳豆和小碎块年糕,做成手卷寿司的样子,这个点心也大获人气。这个点心是要人工一个一个用手亲自拿海苔卷起食材做成的。但是像这种非常好吃、非常受欢迎但只能靠人工制作的点心,如果是生产厂家的规模特别小的情况,万一某天其他公司下了个大订单,那么这家生产商就没法提供成城石井足够份额了,这肯定会给我们带来困扰。于是我们就想到不如把这个商品PB化。对于卖得好的东西,要考虑到"好的东西不要被别人拿走"。

13. 葡萄酒的进口

成城石井现在的徽标是红紫色的,这其实是从葡萄酒颜色中得来的灵感。葡萄酒是成城石井象征性的商品之一,并且陪伴成城石井一路成长起来。但是我们从1984年才开始直接进口葡萄酒。我参加的一次德国研修之旅成为此事的契机。

在这次研修中,我发现在德国的无论是专卖店还是超市里,啤酒的价格都比较低,大概只有日本市价的三分之一到四分之一的样子。这给我留下了深刻的印象。

于是我萌生了一个想法,成城石井里的进口葡萄酒应该卖得更便宜一些。于是我就开始考虑不通过中间商,直接进口葡萄酒。除此之外,进口的葡萄酒不仅仅在成城石井里出售,而且可以批发给其他公司,这就是我最初的念头。进口并销售葡萄酒在某种意义上是代理商的功能。我们发展批发业务,不仅面向一般散客,还可以面向零售商。

在当时的日本,提到葡萄酒一般指的都是德国产的甜口葡萄酒,所以成城石井也开始从德国进口葡萄酒,从一家叫作瑞黑塔(Rihita)的出口商那里采购葡萄酒。当时瑞黑塔代理人是一名维尔茨堡大学(Universität Würzburg)酿造学专业的博士,也是摩泽尔葡萄酒的优秀生产商,又是一名优秀的批发商,德国所有高品质的葡萄酒基本上都可以从他这里拿到。

最初,葡萄酒是通过酵母分解葡萄汁中的糖分,产生酒精和二氧化碳。19世纪的科学家路易斯·巴斯德(Louis Pasteur)首次发现了这个原理。以发酵为核心的葡萄酒世界,充满了神奇的化学色彩。法国的波尔多第二大学的酿造学专业非常有名,而且在欧洲,针对葡萄酒这一门学问的研究体制也非常发达。

我自己本身就喜欢葡萄酒,也在学习葡萄酒知识,但是我觉得外行真的是无法分辨葡萄酒品质的好坏,如果不是酿造学专业出身的人基本就做不到。因此,我决定借助专业人士的力量。无论从知识、技术、实践还是业务,瑞黑塔在任何一个领域都是当之无愧的行家。

于是,当年在只有成城店这一家店铺时,我们的两个储藏室里就放了1 700个箱子,大约有2万瓶总售价约5 000万日元的一流德国葡萄酒——都是我们直接采购回来的。直接进口的好处就是,可以把喜欢的葡萄酒低价购入,也可以低价卖出。

然而，我在前面也提到过，就在这个时候偏偏出现了1985年的二甘醇混入葡萄酒事件，导致德国葡萄酒的销量暴跌。结果我们只能中止从德国进口葡萄酒，转为从法国进口葡萄酒。法国葡萄酒一开始我们是通过一家叫作欧洲小货车的批发商进货的。

14. 法国葡萄酒的世界

波尔多（Bordeaux）这座城市作为法国葡萄酒的名产地享誉世界，当地的红酒顾问的体系已经是一个完全成熟的体系，所以无论是找哪个红酒顾问，都能够买到比如拉菲红酒、拉图尔红酒、马尔戈红酒等最顶级的葡萄酒。关于进口波尔多的葡萄酒，我们找到了一个叫作琼努的红酒顾问开始运作。

就像我们在进口德国葡萄酒的时候有瑞黑塔一样，在进口法国葡萄酒的时候也有必要找人在当地严格鉴定把关。一开始我亲自去采购，在别人把酒拿出来给我看的时候，我就很害怕让别人怀疑自己是个外行，根本不懂挑酒。

碰巧当时遇到了在波尔多第二大学酿造专业读书的铃木女士，所以就拜托她帮我们做鉴定。在我动身前往当地之前，铃木女士先到现场挑选优质的葡萄酒，在我到达之后再由我从她选好的商品里最终挑选。

但是，由于我们需要更好的红酒顾问，通过铃木女士的介绍，我们见到了一位波尔多第二大学酿造专业的著名教授并拜托他一定给我们介绍一个最懂葡萄酒品质的红酒顾问。

于是他把弗朗索瓦·戴恩(Francois D'Haene)介绍给了我们。戴恩先生毕业于波尔多第二大学酿造学专业，通过对侯伯王庄园干红葡萄酒的研究获得了博士学位。他太太家里是做游轮生意的，同时也是连结葡萄酒生产商和红酒顾问的牵线人。波尔多的生产商在把葡萄酒交给红酒顾问的时候一定会通过游轮，所以游轮主人对葡萄酒的知识无所不知。

作为能够辨别葡萄酒品质的专家，戴恩不仅具备很强的鉴定能力，而且在学生时代就结识了以法国为中心的欧洲大陆的葡萄酒生产商和酿造技术的指导者及相关人员，通过这种人际关系网掌握了越来越多葡萄酒酿造的信息。由于名气增长，葡萄酒的价格也会提高，所以我们追求的是，把那些暂时少有人知但是今后会出名的有潜力的葡萄酒发掘出来，这是我们非常擅长的一点。于是我们开始在全法国范围内发掘这样的好葡萄酒。

于是我们和弗朗索瓦·戴恩一起，走遍了勃艮第、罗讷河、卢瓦尔河等地区，入手了所有地方的高品质法国葡萄酒，最后甚至还把搜索范围扩大到意大利和西班牙的葡萄酒。

15. 参加葡萄酒期货交易

在1986年的时候我们开始购买期酒。所谓期酒交易，指的是消费者与酒商预先签订合同、预先付款购买指定酒，但需等待一段时间（通常是一到两年）后才能拿到酒。从这时开始到交付的时间里，白葡萄酒的话需要半年，高级的红葡萄酒需要两年。通过期货交易，可以赚取交付时的价格差。

期酒的试饮过程非常艰苦。在法国各个村里试饮，样本多达数十种，我们的牙齿被单宁染黑，但依然坚持在短短 1～2 天里品尝了 100 个种类的葡萄酒。听说有葡萄酒专家因为试饮把身体搞坏了，但是我现在回想起来，这仍然是一段愉快的回忆。

基本上，葡萄酒的质量和原料葡萄的质量成正比，所以好年份的葡萄酒都会涨价。因此，找出将来可以成为好酒的期酒，买下来，这种方式比一般的售卖要获得更多的利润。但是，如果日元升值影响到汇率的话就说不好说利润了，所以胜率大概是 8 胜 2 败吧。

酒水生意存在高风险，但是我本身喜欢葡萄酒，性格也是喜欢挑战性的活动，所以比较适合做这个吧。

16. 邀请户冢昭先生做顾问

1993 年，成城石井迎来了顾问户冢昭先生，他是酿造学的权威，是日本酿造学会的第一代会长。他不仅为我们检查了葡萄酒的质量，也为我们检查了日本酒和威士忌等所有酒水的质量。戴恩为我们挑选的葡萄酒,虽然不太有名气但是质量都很好。在某种意义上,他利用自己的信息网和人脉,早早挑选出那些在未来会人气上升的葡萄酒,赶在它们出名之前就掌握在自己手里,这就是他的高明手段。但是,即使是这么优秀的戴恩先生看中的酒,如果户冢昭先生说它不行的话,我们也会不加犹豫地把它剔除出去。总之,我们一定要在户冢昭先生再次检查之后才能放心。

有一位从波尔多远道而来考察的红酒顾问,看到我们的葡萄酒种类后惊叹不已——"竟然有这么种类,真难以置信"。

在把葡萄酒摆到卖场时,我们也会在酒的旁边附上几句说明文字。这一贴心举措可以帮助顾客了解有效信息,顾客对此也非常满意。对于那些专供餐厅的等级酒和高级酒,就不需要附上说明文字了,因为餐厅的侍酒师会给顾客作出说明,如果我们加上了自己的说明,就等于做了多余的事情。然而如果摆出来的是没什么知名度的葡萄酒,我们会尽量附上详细的说明,向顾客传达可靠的信息。

我们并不太看好智利、澳大利亚等国生产的新世界葡萄酒,因为在某种意义上来说它们的价格体系并不是很完善,一旦葡萄酒的酿造方法得到好评,酒的价格就会马上暴涨。这对于采购的人来说会有一种价格不合理的感觉。而且,我听说新世界葡萄酒在酿造场所的保存管理工作做得并不是太好,这一点也让我非常介意。

除了上面这些原因,新世界葡萄酒酸味较弱,甜味较重,这也是我考虑的一个因素。综合以上因素,我认为品质最合理可靠的是法国葡萄酒，其次是德国和意大利的葡萄酒。除了从这些国家进口的葡萄酒，其他地方的葡萄酒都不会让我很放心。

最近，葡萄酒热潮的出现使得它成为了日本人的日常饮品之一，无论在哪家超市都可以买到葡萄酒。但是，如果在产地直接采购直接进口的话，定价完全可以达到当前售价的5～7成的水平。其他行业的公司比如平松餐厅和萨莉亚餐厅等成功的企业都是采用直接进口葡萄酒的方法。

可是，经营者如果知识储备不足，就很难把这个业务做好，所以就有必要请来优秀的顾问。户冢昭先生被称为是"世界三大买手之一"，在世界范围内都是葡萄酒专业的权威。有了户冢昭先生做后盾，我们就可以放心大胆地去做葡萄酒生意了。

在法国也有很多小规模的葡萄酒公司，所以也可以做交易。如果是直接进口葡萄酒，那么售价就可以砍掉三成。如果试图在葡萄酒业务上有所发展，那么我建议大家直接进口。

17. 打造特殊仓库

成城石井有大量的葡萄酒库存空间，能够保证葡萄酒在出售之前一直安心"躺"在仓库里。因此，为了保证稳定的品质，我们委托一家日本仓库公司为我们建造了可以充分实施温度管理的葡萄酒仓库。我们在世界范围内首次尝试将一种瑞典的管理奶酪仓库的方法巧妙地运用在了葡萄酒仓库上。这种方法从固定在天花板上的管道中徐徐送出冷气并使其缓缓落下来，它最大的特征就是能够在仓库内保持一定的湿度。在欧洲，很早以前人们就开始利用自然洞窟或者地窖了。在这个基础上，我们调整了仓库的设施使其适合葡萄酒的保管。

我们给许多法国的红酒顾问展示过这个仓库。其中有一位红酒顾问在看后很惊讶地表示全法国都没有这样的仓库。后来他就把这个方法带回了波尔多，建造了同样的仓库。之后，我听说他成为了波尔多的头号红酒顾问。

之所以在这方面下了大工夫，全都是因为成城石井的理念：只要是成城石井的酒，就必须每一瓶都好喝。为了把对外界环境"敏感"的葡萄酒保持在最好的状态售出，就一定要给它们创造一个最佳的保存环境。葡萄酒专用仓库绝对是必不可少的设施。

这么做的意义就是让葡萄酒变成成城石井的招牌商品之一，顾客需要葡萄酒的时候马上想到的就是成城石井。即使是同一种品牌同一个年代的葡萄酒，成城石井的葡萄酒也要比其他店的品质更高。这些在合适的温度和湿度环境中保存的葡萄酒受到了很高的评价，有很多远道慕名而来的顾客。而且，不仅是普通的顾客，连餐厅、酒水店和侍酒师等众多专业人士也在我们这里下了很多订单。

18."刚刚酿好的葡萄酒,要不要尝尝呢?"

这一套挑选、进口、销售的构思和做法,不仅可以在葡萄酒业务上发挥作用,在处理其他酒时也适用。苏格兰威士忌、马德拉酒、波特酒、雪利酒、奥德威酒、格拉帕酒等等,所有的酒都是通过我们在当地调查后采购回来的原装酒。当时像成城石井这样做到极致的店几乎没有。

葡萄酒进口的巅峰时期是 1997 年,我们采购了 9 亿 5 千万日元的葡萄酒。从那之后,日元暴涨,加上葡萄质量下降导致产地葡萄酒价格上涨,所以购买期货就不再有优势了,这对我们来说是个巨大的打击。随即 1998 年我们的采购额下降到 6 亿 5 千万日元。

一级酒庄的葡萄酒从开始酿造到可以饮用,需要经过 10 年以上的时间。成城石井为了确保顾客无论何时在成城石井买到的都是味道最佳的葡萄酒,一直细致地管理仓库,直到口味正佳的时候再把酒放出来,每一个环节都做到尽职尽责。我们的宣传语是"刚刚酿好的葡萄酒,要不要尝尝呢?"

葡萄酒在熟成的期间,价格会上涨,所以我们采购时的价格的确是很合算。由于葡萄酒库存量大,像超市这样现金流大的场所相对更好做一些,但是酒水专卖店就不一样了,为了资金正常周转,肯定是要费一番工夫了。越是要经营好酒就越不能少了资金的支撑,所以,葡萄酒称得上是成城石井的王牌业务了。葡萄酒营业额最高时达到过1年40亿日元，库存金额30亿日元。在葡萄酒业务上，无论是品质还是种类，成城石井都具备自诩世界第一的自信。

19. 商品的摆放不能给顾客带来压力

经过了辛苦的过程，挑选了一大堆商品摆在店里，但是如果它们无法打动顾客，那么一切的辛苦都失去了意义。在超市里，赋予或扼杀商品生命的，都是陈列方式。

关于商品的陈列方式，其实没有特定的要求，只是要多重考虑，合理配置。摆放的顺序和配置，主要有以下4个方法供大家参考：

第一，作为材料使用的商品→可以直接使用的商品。所以熟菜应当放在最后面。

第二，按照烹饪顺序摆放。比如，前菜→主菜→甜点。

第三，厨房用品→餐桌用品。所以，调味料区域里摆在最前面的是食用油。

第四，把相关商品摆在附近。比如，在面包前面放咖啡、红茶、果酱，旁边摆放燕麦片等食物。这叫作交叉销售。

要在大脑里提前设想顾客的购买顺序。尽可能按照这四点，让商品陈列不带给顾客压力。在客人心里想购买某种商品的时候，不要让客人感到疲劳，不要让客人做无用功，所以经营者做陈列设计的时候必须要具备这方面的想象力。

另外,"不破坏顾客想法"的观点也很重要。在顾客购买的过程中,商家要考虑如何将特卖品摆放在合适的位置。但是把特卖品摆在门口是我非常反对的做法。因为这么做会在一开始就破坏掉顾客对成城石井的印象。

我们常常听到很多顾客反映说"一走进成城石井就一不留神买了好多东西"。这一方面是因为我们的商品种类繁多,另一方面也证明我们在商品陈列上抓住了顾客的心。

20. 可以读懂顾客心理的店铺布局

在超市里,单向控制是基本的原理。你可以观察一下,自顾客踏进店铺的那一刻起,他们所走的那一条道路,就是人流量最大的道路,摆在那里的都是这家店里卖得最好的商品。在超市入口区域附近摆放卖得好的商品,则顾客的途经率是100%,但是如果把这里变成杂货卖场,这个百分比就会下降。

所以,重要的是在顾客走到鱼肉这些食材卖场之前,如何让他们购买其他的商品。日配食品和乳制品受食谱的影响不大,所以被摆在成城石井的动线也就是黄金通道上。

摆放方式按照"作为材料使用的商品"→"可以直接使用的商品"的顺序排列。比如,乳制品的话,依次摆放黄油、奶酪、牛奶、酸奶。日配食品的话依次是按味噌、魔芋、豆腐、油豆皮、纳豆、咸菜的顺序摆放。

　　鸡蛋无论放在哪里都卖得不错，但是在成城店里，鸡蛋被摆在肉食卖场前面的区域。

　　肉食卖场的布局先后顺序是"面对面卖场"→"自选卖场"。顾客若先在自选卖场里买了肉的话，就不太可能再想买后面面对面卖场里单价更高的肉了。在面对面卖场，季节不同，肉食排列方式也会有所不同。在自选卖场，夏天的时候人们喜欢买烤肉用或者做牛排用的肉，在冬天人们喜欢买做牛肉火锅用的肉，所以我们就在最大程度上满足顾客的需求。

　　在鱼类卖场，首先摆放的是在任何菜里都可以出现的虾和贝，然后摆放煮菜或烤制时会使用到的鱼肉片，之后是生鱼片，最后是一整条鱼或一整只海鲜，比如螃蟹等。生鱼片其实是利润很小的商品，品质越高，利润率就越低。所以，在鱼类卖场要尽可能以一些优质的醋泡海鲜作为陈列中心。

　　陈列架两端的区域可以放一些打折商品。虽然这么说，但不一定只摆放特价商品，相关商品也可以摆在旁边。下一次打折促销的时候，一定会有之前错过买某物的顾客和重复购买某物的顾客光临，所以，为了这些顾客，即使在打折期结束后，也要在货架两端设置至少持续两周的促销区域。

21. 布局可以变得更自由

　　在考察旅行途中，我在一家美国的超市逗留了好久，有一件事给我留下了很深的印象。当时我了解到美国超市的顾客购物平均每单消费金额,买葡萄酒的人平均消费大约62美元,没有买葡萄酒的人平均消费大约32美元。

有了明确的数据作参考,我才能相信购买葡萄酒的顾客为超市的营业额贡献更高,难怪美国市场对于葡萄酒等酒类非常重视。但是在日本,酒类依然属于嗜好品,而且冲动购物的顾客数量很少,导致葡萄酒和其他酒类都被摆放在不起眼的角落里。在我仔细观察琢磨了美国的超市卖场情况之后,我决定把酒水摆在黄金通道的两旁。

我早已把布局的情况铭记于心了,所以在观察的时候脑子里想的是"原来放在这里了呀"。改变布局依靠的是数据的支持,事实证明顾客的购买额的确比以前提高了不少。从构建想法再到成功实践,回头看看,我感慨颇深。

总的来说,日本的超市还是太相似了。无论店开在哪里,无论是哪家店,入口摆的永远是水果蔬菜,然后是日配商品、肉、鱼、杂货、蔬菜,毫无新意。相反,美国的超市更富有多样性。比如,店铺里的装饰五颜六色,可以营造开心气氛,增加娱乐性,凸显店铺的个性。然而这些看似自由的店铺布局并不是凭主观感觉的结果,而是全部基于真实的数据,下了一番工夫做成的。我想我们日本的超市是不是也应该借鉴一下这种"自由奔放"的布局呢。

04

第四章

成城石井的经营战略

1. 成城石井的经营组织

经营组织在某种意义上来看，是由企业独自建立起来的。企业的营业额不断提高，导致企业规模逐渐扩大，功能分化，从而产生了经营组织。一般来说，以销售为主体的公司，内部通常由两个部门构成，一个是管理部门，一个是营业部门。处在不同发展阶段的公司也许会有些许调整。企业由总务部统一管理。总务部又划分成总务、人事、财务三个分支。当公司处在必要的发展阶段，还会建立起经营企划部和法务部等其他部门，但是成城石井直到被收购的时候也没建立这些部门。

实际上，总务、人事、财务都有专门的管辖范围，单凭一个人的力量兼顾三个方面的管理，的确不太现实。但是为了形式上好看一些，就要在三个小部门的顶端放一个部长。我兼任了总务部部长，后来又设立了社长办公室。其实经营组织的功能非常有趣。

2. 管理部和营业部是互补关系

成城石井有一个比较大的特征，管理部门并不是只负责企业的管理，而是和营业部门也有着相当密切的联系，二者是互相参与的关系。对于营业部获得的利润，管理部也常常会实施干预。反过来，作为总部组织的管理部，如果出现放任不管的倾向，就容易出现组织内部肥大化的问题。有时，管理部会把费用负担强加给营业部，造成营业部负担增加。由于公司所有的利润都是靠营业部赚来的，所以我们有必要维护营业部门的利益，杜绝这种问题的存在。

在一般的公司里，营业部的利润高也好低也好，管理部都会以强迫的方式要求营业部作出一定的预算。这样一来，双方之间难免会发生对立或者摩擦。为了防止这个问题的出现，成城石井并没有使管理部和营业部呈上下级关系，而是让二者成为了并列的关系，把管理部的预算控制在营业部毛利润的15%左右，管理部的预算不可以超出这个百分数。这种模式有效防止了管理部的肥大化。我认为这是一个能够有效抑制管理部门肥大化的方法，推荐给大家。

3. 数据说明一切

对零售业来说最重要的就是员工的"人时生产性"（意为平均每人每小时产出的营业额）。店铺各个部门都经常检查这一指标。比如，收银部门平均每人每小时产出 4 万日元，杂货部门的话就要看杂货部门整体的营业额了。通过致力于提高"人时生产性"可以提高公司整体的生产性。比如，假设杂货部门的"人时生产性"是 3 万 5 千日元，如果想提高到 4 万日元，就需要指导者好好讨论一下。

毛利润与"人时生产性"都十分重要，平均一小时的毛利润是多少，我们必须要算出具体的数据。得出明确的数据后努力使之增加，就会带来超市利润的上涨。

4. 部门之间的双向关系性

每周我们会由人事部提出"人时生产性"或者有关单位时间毛利润目标值的具体数据。一般来说，营业部的目标值通常由他们自己设定，但是营业部在检查自己部门达成情况的时候总是容易睁一只眼闭一只眼。在成城石井，我们要求负责管理的人事部设定目标值，防止部门内出现串通的现象，同时，人事部也会向社长或营业部提建议，在数据状况不佳的时候敦促他们改善。在成城石井，管理部和营业部之间互相作用，存在双向关系。

5. 人事部

员工培训全部由人事部教育科负责。由于成城石井是超市行业的公司，如果人事部长不懂营业，就没办法工作。出于这种考虑，我们挖来了当时在东急百货工作的石田先生，请他担任成城石井的人事部长。

在企业壮大扩张的过程中，管理部有必要从外部挖人才。简单地说，一个人长期处在一家只有50人的小公司里，那么他的眼界是有限的，无法看到那些有着成百上千员工的大公司是如何运转的，所以我们才需要从外部寻找管理人才。

6. 财务部

财务部在每个月的月末结算每个店铺的收益，两周后提出损益计划书，每个月都要坚持这个工作循环，雷打不动。在财务部提出这些数据时，要附上与上一年同期的比较数据，两者一同展示出来，并且向全体店长和员工公开。如果与上一年相比，收益没有增长，我就要和营业部长、管理人员一起彻底谈谈有什么解决策略。

我们不会要求财务部公布各个部门的试算表，因为每个部门的利润必然存在差异，如果公布的话，部门之间就会出现摩擦。因此试算表不可以公布，而是要在社长办公室里处理。

成城石井一直想要做出包含管理部在内的各部门的损益计划。这个方向基本上就是各部门提交损益计划的"京瓷方式"。虽然我们花了600万日元和推广公司签了合同，也让他们做了事前调查，但是京瓷属于制造业，和我们不是同一行业，而且我们已经理解了其中的根本思考方式，所以在签了入门指导合同之后，就没再续约，我们决定今后自己做。

7. 营业部

店铺管理基本上由总部主导，这种主导并非是以单位店铺或全体店铺为单元来进行店铺管理，而是按照商品所属的部门，由总部统一管理。各个部门的管理人负责毛利润管理，也就是数据的管理。

我们没有设置区域经理。利润的数值最终还是靠鱼部门或者杂货等部门提高的，如果店长不知道店铺全体情况，就无法发挥功能。

另外，总部负责数据管理，能够减轻店长的负担，使其可以把精力放在店铺的人事管理、特卖战略、陈列等店长业务上了。

各部门负责数据管理的员工，要在每周一上午，把带有与前周和与上一年同期比较的营业额数据公布出来，从高到低，按顺序依次列出所有店铺的数值，做成排行榜。对于与前周和与上一年同期比较的营业额数据都落在排行榜后四位的店铺，总部的负责人要考虑改善策略，亲自前往这几家店铺，从商品的摆放方法开始，把所有想到的策略全部讲解给员工听。

8. 营业组织

最初，公司的管理由岛崎女士负责。但是由于店铺数量慢慢增加，她的负担也增加了，因此，我们在杂货、点心（面包）、日配商品、肉和鱼、蔬菜水果、酒水等部门，分别设置了科长，让他们负责各部门的特卖管理，并担任负责人。作为公司的战略之一，每个部门的各项数据由科长负责管理。但是这样一来，所有事情都要由一人负责，效率并不高，对此，我们首先尝试为负责人配备一名女性助理，组成2人体制。后来随着工作量的增加，我们又在部门中挑选出优秀的年轻员工，组成3人体制。

9. 社长兼任营业部长

在成城石井，社长兼任营业部长。成城石井无论对于店铺的食料品的零售还是批发，目标都是通过销售获利，因此营业就是公司活动的本身。社长当然要对营业部的工作负责,所以社长也兼任营业部的部长。

每个部门都有部长,但是只有社长才有能力掌握全局并作出判断。社长在看着上涨的数据的同时,需要与现场员工对话,进行个别指示。这并不意味着把工作交出去,而是在综合考量并进行判断的基础上,提出必要的建议。

特别是营业部,因为聘用了没有工作经验的应届生,所以就有了实施员工培训的想法。社长有问题想解决,会直接坦率地对社员讲,社员就会考虑自己应该怎么做。如此反复,成城石井就能够培养出优秀的人才。

10. 批发组织

要做批发业务就必须掌握专业知识。成城石井在初期,不仅活用商品知识在店铺内做起了批发生意,而且在店铺外也有批发业务。成城石井的批发组织伴随公司成长发展,基本上都是我一个人建立起来的。因此,批发部长、社长、营业部长这三个职位都是我在担任。

我把批发业务分成了许多小部分,比如葡萄酒科、酒水贩卖科、杂货点心科、奶酪科等。担任葡萄酒科负责人的是寺口先生,他毕业于带广畜产大学,之后在小樽葡萄酒公司学习了6年,在户冢昭教授的研究所里学习了1年半。他希望在掌握酿造学知识的基础上，能够活用学到的专业知识发展批发事业，后来去了新西兰学习了1年英语。通过户冢昭先生的介绍，他进入了我们公司。

和户冢昭教授一样，他为我们的葡萄酒做了严格的品质管理。要想了解葡萄酒进口数量的相关信息，只需把这个月的营业额输在程序里，马上就可以测算出合理的进口数量。我们已经拥有这种程序了，所以我和他会针对这个数据展开交谈然后决定下一步工作。关于购买期货，户冢昭教授和寺口先生先去现场，把这个村子考察一遍。然后再由琼努红酒顾问提供场地，他们两个加上我一共3个人，先一起完成测试，再商量买哪种，购买数量由我决定。

除此之外，我们还邀请了两位具备专业知识的新人加入了葡萄酒科，其中一位是毕业于波尔多第二大学酿造学专业的女性硕士生，还有一位是在波尔多商工会议所接受了1年半测试课程培训的男性。

葡萄酒以外的酒水，比如威士忌、白兰地等等，全部归在酒水贩卖科，简称酒贩科。酒贩科的功能是把子公司进口的酒水售出，还有就是把成城石井里全部的酒卖出去。他们的负责人是我在前面提到过的，对波旁酒掌握了大量知识的酒水发烧友岸川先生。

奶酪科的外部销售很少，基本上是内部销售。其中有一个专门负责将奶酪切块包装的加工部门，我任命工藤先生来负责采购、加工、销售。后来他离职了，开了一家叫作弗洛玛库的奶酪专卖店，那是一家从事批发和销售奶酪的公司。

说到采购，葡萄酒由我们自己采购，其他酒类例如威士忌等是由我的长女珠子小姐来挑选并负责东京和欧洲之间的贸易往来。关于这一点，我会在后面说明。

11. 董事会

成城石井这家公司是从店铺发展而来的，最初主要按照社长的想法来推进公司业务。但是随着后期组织规模逐步扩大，于是就设立了执行董事会。

所谓执行董事，就是位于资本家委托经营权的董事长的下一层的职位，肩负责任与担任具体职务，推动公司业务正常运行，帮助推动建议和决定的进度。在日本，很早以前的商法没有这种规定，但是在1997年索尼公司首次采用了执行董事制度，一时成为社会话题。从此，这个制度就在日本普及开来。之后，伴随着法律法规的不断完善，自2003年起，现行商法中出现了对执行董事制度的说明，标志着这一制度的正式法制化。

成城石井也采用了这一制度。比如，人事部提出一个方案，那么，首先要由执行董事会讨论，把讨论后决定的事项提交到具有最高决议权的董事会，经过决议后，对应业务就可以展开了。这就是我们的新体制。

当然，我认为新体制确实有优秀的方面，但是我更想听到公司董事更加多样化的意见。另外，公司里有很多人，他们在自己的岗位上实实在在推动着公司的运营,然而他们却没能担任高层职位。所以看在功劳的份上,我决定提拔这样的人才。比如成城店的初代店长冈田先生,还有在第二家店进入成城石井的、之后升至成城店店长的田中先生,还有一直以来含辛茹苦的岛崎女士。后来我提拔她成为常务副总。

我的三把手是藤田先生。因为我当时看重IT人才,想提拔他们。经营管理离不开数据,计算机和网络技术也在飞速发展,所以我认为有必要让IT方面的专家加入董事会。

建筑家桥本邦雄先生在成城石井的店铺设计和搭建上为我们做了很多,所以我邀请他做了成城石井的外部董事。

在成城石井,每月召开一次执行董事会,由社长担任议长,每位成员都可以对各项方案提出意见和看法,共同进行表决。如果是比较复杂的议题,一次执行董事会无法决定的话,可以带到第二次董事会上讨论,直到意见达成一致为止。

12. 开店战略

对于年收入达到2 000万日元以上的家庭来说,基本上有足够的经济能力在成城石井购买家庭所需的全部食料品。这个收入层的顾客是我们的主要目标顾客群。然而除了食料品,我们还有其他商品,对于来自各个收入层的顾客来说,我想成城石井就是高级货的打折店吧。

因为我们抱有这种理念,所以,如果把店开在一个附近大部分居民的收入水平不如成城的地方,那么营业额一定不会高。所以在新店的选址上,我们极其慎重。

对于负责站内小店选址的部门来说,只要能够准确掌握车站的客流量,即使不做市场调查也没关系。但是对于超市选址的部门来说,市场调查是必不可少的。我任命松浦先生来负责这方面的业务。他之前负责过伊藤洋华堂的开店选址调查工作,所以用他一定没错。

13. 不做目标预算

成城石井的基本理念就是让顾客开心。为此,我们不打算做目标营业额。然而,即使不做目标营业额,我们的营业额还是自然增加了,这确实也是实情。成城石井这个企业组织,逐渐变成了一个营业额上涨的单位。当然,各个店铺的营业额上涨是一方面,另外一个更重要的原因是,在总部的指导下,各店铺都十分重视各部门的营业额管理。

但是,如果什么目标值都没有的话确实会有点困扰,所以我们就给自己定了一个小目标。在看过日本连锁店协会给出的现有店铺营业额之后,我们以此为基准,将目标定为比它高出2%。这样经过比较就可以知道成城石井是在成长轨道上还是在下降轨道上,我们心里就有数了,就可以随时调整经营策略。

和行业内的平均值作出对比,我们就会明了自己的真实处境,无需考虑其他的经济环境,非常简单。

如果我们没有达到高于平均值2%的话,就要分析数据,马上制定对策。我觉得目标值这个东西很微妙,人们一旦设定了它,就会担心自己是否达成了目标,如果达成了就开心,没达成就难过,一气之下抛弃也不是不可能。做买卖,通常追求的是公司的成长和营业额的增长,但是认真考虑自己应当做什么,还有哪里做得不错,这些也是非常重要的。

在我们刚刚开第一家门店的时候,由于并没有像其他超市里有那么齐全的货,所以一开始的情况并不是太好。我们那时定的目标并不是在开店之后马上能达到怎样好的成绩,而是在第二年和第三年应该怎样成长,这才是我们的目标。

我们给自己设立的第二年的营业额标准是,除去酒水类,营业额要比上一年增长10%,如果含酒水类在内,就要比上一年增长20%。从第二年到第三年,增长率要保持在同等水平。但是实际上数据要比这个高一些,所以第三年的数据具有非常大的意义。

一般来说,门店刚开业时的营业额会达到通常情况下的5倍,然后逐渐呈下降趋势,过了两个月基本上就保持稳定了。第二年就从这个水平开始,营业额缓慢增长。要学会预测第二年的营业额会在何时与刚开店时的营业额的下降曲线相交,这是判断一个门店经营状况好坏的指标之一。

14. 不使用 ABC 分析

所谓 ABC 分析，指的就是分析一件单品卖得出去还是卖不出去，也叫作物资重点管理，但是它不适用于成城石井，因为 ABC 分析里不含产品目录的思想。ABC 分析完全无视产品目录的概念，会导致那些虽然销售额低但是仍被顾客需要的商品被隔离在考虑范围之外。

在成城石井，即使是平时使用频率很低，只有特殊时候才会用的商品，我们也会为顾客准备好。前文提到过的在那些烹饪课堂中使用的制作正月料理需要的食材，就是一个很好的例子。这是因为我们使用了产品目录，才会保证这些商品的提供。

如果某个商品因为销路不好就被踢出产品目录的话，就一定会给顾客带来生活上的不便。反过来看，产品目录上应该有哪些商品，这里就看我的考量了。在那些重视效率的大型连锁超市看来是多余的商品，在我们成城石井也能买得到，这就是成城石井存在的价值之一。

15. 品类管理

品类管理的概念由美国的布莱恩·哈瑞斯（Brian Harrisph）博士提出。品类管理的管理方法是不要严格按每个单品来管理，而是要把顾客目光所及的商品根据需求来分类。

我第一次听到品类管理相关的讲座是在考察美国的旅行过程中，当时我结识了一位叫作铃木的美籍日本人，对商品流通行业非常精通。

在他来负责这个活动之前，做活动企划的貌似是一个对这一行不太懂的人，只知道安排我们去有名的超市逛。但是说实话，我们逛过的这几家美国的超市基本上都大同小异，缺少多样性，所以我不觉得它们有太多参考价值。但是自从铃木先生接了这个活，带领我们去参观的每家店都有自己的特征，我们马上就不觉得枯燥了。我感觉到美国人的想法很独特，因此我想学习更多关于美国零售业的知识，同时我对美国超市的看法也发生了改观。

从那以后，我们就拜托这位铃木先生协助我们每年一次的考察旅行，旅行团队由成城石井的员工以及客户方的相关人员组成，双方各出 15 人左右。白天去超市参观，晚上参加有关美国超市行业的课程，日程表基本上就是这样。在第三次去上课的时候，我第一次产生了品类管理的想法。

当时的我只能考虑到按照目录管理商品，还达不到充分理解品类管理理念的高度。"这基本上和成城石井的想法吻合，这不是挺有趣嘛"，我边听讲座边这么想。

在成城石井，每个品类都有编号，商品按照编号顺序在卖场里陈列，但是如何分类是由我来决定的。我那时不懂品类管理的理论知识，还是要求卖场去做管理。后来，因为我深有体会，所以感觉到品类管理是有用的。

对于食料品，我们也没有像 ABC 分析法那样来判断什么卖得好或者什么卖得不好,而是根据品类目录来管理种类,这再次体现了我们对顾客的用心服务。

我认为我有必要好好学习一下品类管理,结果回到日本一调查才发现,日本已经有了这样一个组织。以早稻田大学的宇野正雄教授为中心,正在向全国普及品类管理的概念知识,像花王和可果美这些公司,以及像永旺这些零售公司,还有其他的企业都已经加入进来,所以成城石井也马上加入了这个行列。而且,我们还请了长期居住在国外的日本人讲师来为成城石井的员工授课。

在铃木先生的讲座中,有一个故事令我记忆犹新。在1984年,美国纽约州的小规模超市出现了营业额萎缩的问题,超市老板非常烦恼。于是他们向专业人士咨询,开始采用新的管理方法。具体就是,把所有商品分成大约250个品类,从每个品类里挑出最优秀的制造商,把每个品类中最合适的商品交给他们来提供。结果小规模超市的营业额提高了14%。

日本超市协会在信息交流上做得并不够好,但是在美国,无论是中小型超市还是像沃尔玛这样的大超市,作为美国本土超市,为了防止信息闭塞,都在非常积极诚恳地交换和收集信息。通过这一举措,大家知道了通过品类管理可以提高营业额。于是品类管理这一方法就在全美国普及开来。

但是这样会导致挑选商品的责任落到制造商手里,公司内部的采购就丧失了存在的意义。于是,大批采购员失业了。

过了几年,到了20世纪90年代中期,品类管理在不断完善、创新的同时,也显示出了非常明显的效果。然而我也听到过有些公司为了守住自己的利益，不肯与外界交流自己独特的品类管理技巧，导致信息交换受阻的发生。

成城石井采用品类管理是基于一定的背景，整体上遵循"把商品摆在方便顾客拿取的区域"的原则。如果在成城石井买不到想要的商品，顾客就会去别家超市看看，因此我们的基准并不是卖得出去或卖不出去，而是有或无。认真分析商品目录，即使部分商品的营业额低，也要先把商品目录中存在的商品好好摆放出来，这就是我们成城石井的坚持。

16. 批发业务可以发挥信息力量

我一直认为掌握有效信息的企业是上游企业。不做零售而是做批发的企业，可以用较少的人手卖出更多的商品，所以才出现了效率更佳的业务。

那些具备商品知识，而且拥有别家没有的强项商品的企业，在商品流通的过程中，越是力争上游，自己的利益越会扩大。企业在出售商品的基础上，拥有更多关于商品的信息就会收益越大。为了发挥信息的力量，成城石井也开始批发自己进口的商品。

批发的优势之一就是只需要少数人就可以处理大量商品，效率非常高。最初成城石井这个部门的人数不多，但是到了成城石井被收购的时候，这个部门仅有的15名员工可以创造全社

25% 的毛利润（只是外部销售），批发业务的营业额达到 40 亿日元的成绩，是个非常高效的部门。

关于成城石井的批发业务分配，门店占了全体的大约 4 成，外部销售占了大约 6 成，客户主要是超市和酒水商店，也有一些是百货店和酒店。批发业务占了成城石井全部营业利润的三分之一，其中外部销售额大约占了批发总销售额的 6 成，等于它占据了公司全体利润的 2 成左右。在葡萄酒销售鼎盛的时期，葡萄酒的库存几乎为 0，利润达到了公司总利润的 4 成。

我们把总部经费的数额设定为店铺毛利润的 15%，而批发部门的经费定额是每月 500 万日元。而且，库存要负担 2% 的利息，赊销货款也是同样要征收 2% 的利息。

如果批发部门能够很好地掌握商品信息，严格按照要求挑选优质的商品，那么企业的利润就会增加。批发部门其实是成城石井中生产力非常高的部门。

17. 专门设立进口的公司

成城石井成立了一家专门负责进口的公司。有必要自己设立这样一家进口公司吗？我认为非常有必要。一般来说，直接从欧洲批发商进货，比起通过日本的代理商进货，即使是同样的商品，前者的零售价要比后者低 3 至 4 成。也就是说，我们要想让顾客用更低的价格买到同样的商品，就非常有必要自己设立一家进口公司。

我们之所以能把酒水的价格定得比较低，主要就是因为绕过了国内的代理商，直接从国外批发商那里进货。例如苏格兰威士忌皇家礼炮，从代理商那里拿到的货，售价高达4万日元。但是，如果直接从国外批发商那里进货，售价就可以定到1万日元了。这样看来，以前的日本人多多少少都花了些冤枉钱。因为明明可以低价买酒，偏偏要出那么高的价钱。此外，不可思议的是，从国外批发商那里拿到的货，品质会更可靠一些。因为出口到亚洲的苏格兰酒品质受到管控，比如酒精度数会相对低一些。

成城石井有渠道进口这些品质与欧洲原产地相同的酒水，于是自己就创立了负责进口威士忌等酒类的进口公司，这家子公司叫作威客（WICK），其中成城石井占有9成的股份。

设立这家公司的契机之一是，有一位叫作松井的先生来成城石井大量采购食料品。我询问了他的经历，原来他曾经就职于一家开在欧洲的面向欧洲市场销售龟甲万酱油等商品的公司，所以自然而然就在欧洲有了很多人脉，结识了各种买家。为了能够推进我们的国外直接进口业务，我拜托他帮助我们建立一个专营海外进口业务的公司。

威客这家公司虽然只由松井先生和他父亲两个人在打理，但曾经一度也创造过年营业额达到55亿日元的壮举。销售利润是1亿5千万日元，毛利润率变得非常高，大概有2%~3%的毛利润。

成城石井在最初开店时，卖场里进口葡萄酒的价格就比市面上要低很多，所以也有人称我们是葡萄酒折扣店。然而有趣的是，后来竟然有真正的葡萄酒折扣店找过我们，反倒从威客这里采购了一批葡萄酒。成城石井以威客为中心，在获得商品信息的同时，也在批发商品。

在对售卖方法提建议时，我还想提醒各位，要对出售中的商品具备深厚的商品知识，而且要根据经营成绩来考虑如何在一个小型店铺中布置出更有效的陈列。成城石井不仅具备超市的功能，还为酒水折扣店行业的发展助了一臂之力。

之后，威客的直接进口业务扩大到了日用品和点心甚至其他的商品。岛崎女士参加了德国的 ANUGA 国际食品展和法国的 SIAL 巴黎国际食品展等，把发现的好商品通过威客进口到日本。

当时的一个热门商品是法国的巧克力，岛崎女士为它命名并参与了设计，叫作"美妙松露巧克力"。岛崎女士在参加德国食品展的时候挑选出了当时展会上口味最好的松露巧克力，进口到日本之后销售盛况空前。巧克力在夏天易化，不方便保存，所以每年的 10 月份到次年的 2 月份西方情人节是巧克力销售的旺季。卖得最好的时候我们一次性进了 13 个集装箱的巧克力并全卖出去了，销售额是 2 亿日元。

18. 东京欧洲贸易公司

随着成城石井规模的扩大，经营的进口商品也越来越多，所以我们又新开了一家专门做食料品进口业务的商社，名字叫作"东京欧洲贸易公司"（東京ヨーロッパ貿易）。在这之前，所有的进口业务都是由威客和成城石井负责的，但是从这家公司成立以来，食料品的进口业务交给了东京欧洲贸易公司，酒水交给威客，葡萄酒交给成城石井，形成三分天下的局面。我的长女对饮食的要求非常高，她在大学毕业后就去了美国留学，1年后她就可以说一口流利的英语了。这时我要求她回到日本，并且把东京欧洲贸易公司交给她来打理。东京欧洲贸易公司的商品采购要通过岛崎女士和我女儿的双重把关之后才能进口到日本。

在进口的食料品当中，数量比较多的是天然奶酪。在我们直接进口天然奶酪之前，一直是通过向代理商下单的形式进口的。但是分析之后我们发现，这样做一定会产生损失。进口代理商大概一周才会进口一次，但是我们并不知道零售店下单了几个奶酪。

于是，我们不会马上买下下单的个数，而是先和他们交涉要退给我们多少钱。这样一来，他们会让步25%的价格，如果店铺里的奶酪售价按照折扣价来定，那么营业额比以前是提高了。

但是，如果我们打算从日本的进口代理商那里购买，就只能进口有限数量的商品。但是许多顾客去过欧洲，也实地品尝过欧洲餐厅里丰富的优质商品。所以，顾客未必会买账。

而且，由于天然奶酪是发酵食品，要按照生鲜商品来处理，属于被保险范围内的风险商品，所以在日本一般的流通中会把保险额的部分加在价格上。因此，我们无论如何也没法做到将天然奶酪的价格下调。这个问题让我觉得很别扭，有必要想办法尽快解决。

如果直接由自己公司进口，就可以自由挑选优质的商品了，也能够向顾客介绍各种商品。同时，使用POS系统进行管理就可以剪掉保险额的部分，就可以向顾客提供同样质量但是价格更低的商品。所以我们得出的最终结论就是要发展自主进口业务。我们联系到了全球最大的新鲜产品市场——法国的翰吉斯（Rungis）市场内的一家奶酪批发商，从那里直接发货到日本，整个贸易活动由东京欧洲贸易公司负责。

举个简单的例子，有一种表面覆盖着可口的白色菌表皮的，叫作"圣安德烈奶酪（SAINT ANDRE）"的天然奶酪，在日本是以固定价格出售的，当时的单价是1800日元。但是成城石井直接进口的价格只有990日元，所以成城石井就从当中获得了巨大利润，而且卖得非常好。

成城石井的天然奶酪的售价比百货店的采购价还要低。百货店也开始追求"更低售价"，这样就掀起了一阵"奶酪战争"。我听说，这一年通过成田海关的天然奶酪数量是上一年的4倍。

当时，在成城石井的卖场里，以天然奶酪为中心的比较正统的奶酪品种基本上都有了，各种获得AOC（原产地命名控制法规）认证的奶酪，比如埃普瓦斯奶酪、昂贝尔圆柱蓝纹以及曼斯泰奶酪等等，这些有着个性美味的优质奶酪开始越来越多地被进口。

而且，我们从波尔多的一家叫作约翰·克罗斯（音译）的零售店采购奶酪。这家店是法国奶酪三大零售店之一，非常有名，从面向一般散客的零售到面向企业的"B to B"业务，以及奶酪出口，该店的业务广泛而且商品的质量上乘。能够在东京的超市里买到最上等的法国原产奶酪，顾客们非常开心。

19. 关于自主进口的一点小建议

纵观成城石井的商品进口，葡萄酒的进口由成城石井自己负责，其他酒类由威客负责，杂货、点心和奶酪由东京欧洲贸易公司负责，这是成城石井自主进口的三大渠道。关于超市里商品的价格，如果是由我们自主进口的商品，那么就可以把价格调低。除了价格上存在优势，重要的是我们可以得到第一手的优质信息。员工接触到的都是专门性的知识，所以对于采购人员来说也是一个很好的学习机会。另外，由于我们已经摸清楚了之前的定价规则，所以在和现有供应商比如批发商和制造商谈判时就占据了有利位置。

作为经验之谈，自主直接进口业务中最容易操作的是法国葡萄酒进口。因为在法国的葡萄酒行业中，批发商系统非常成熟完善，只要按照现有规定来操作就可以了。而且，欧洲的企业多为家族企业，有很多都是规模较小的企业，所以即使是小批量的订单他们也愿意接受，他们非常善于随机应变。

20. 善用汇兑管理，也能创造利润

在进行海外贸易时，我们并不用日元进行支付。如果是对欧洲企业的贸易，我们就用欧元支付；如果是对美国企业，我

们就用美元支付。总之，我们在支付时只使用对方当地的货币。

关于支付，我们默认发货日等同于请款单的提交日，我们在每个月的月末进行结算，次月15日前完成支付。由于我们购买了货物运输保险，即使商品没有送到，但受限于这种支付方法，付款速度确实比较快。这种快速的支付方法，有助于提高对方信任度。成城石井总是非常迅速地付款，信用极好，所以采购优质商品就变得越来越容易。

另外，我们常常推测2年后的商品采购价格，提前买进到期支付的外汇期货。举个例子，比方说我要买1年欧元期货，如果欧元和日元的利率差是3%，那么1年后我就可以以低于现汇价格3%的期货价格购买欧元。当时，美元和欧元期货的利率差都是3%，所以，如果当时我决定购买2年的欧元或美元期货，那么2年后我就可以以低于现汇价格6%的期货价格买入欧元或美元。但是其中也存在一定风险，一旦日元价格上涨，我们就不得不承担巨大损失。

所以，在计算商品价格时，不应当使用提前购买到的外汇期货价格，而是应当使用商品采购当时的现汇价格。只要价格差能达到6%，那么我们一年就可以巧用外汇期货实现2亿日元的利润。

关于这个方法，我咨询了日本麦当劳公司的藤田先生，我问他有什么诀窍，他告诉我诀窍就是胆量。由于日元价格激增，对我多少也有些影响，但是实际情况是8胜2败。

也就是说，公司的利润并非只有营业利润一种，还有很多其他获利的途径。但是，员工福利是以营业利润为基准的，并不反映在其他的利润中。

05

第五章
成城石井的人事战略

1. 员工的录用

哪个老板不想雇用优秀的员工呢？我们在 20 世纪 80 年代前半期开始招聘员工，但是当时只有一家店铺，所以根本雇不到大学毕业生。通过朋友的介绍，我们从日本全国各地雇用了许多高中毕业的优秀人才。

直到 80 年代后半期，我们才头一次迎来了具有大学学历的员工。第一期员工当中有一名叫作黑濑的人。之后他在 LUMINE 店做店长，还获得过"非凡店长"的称号。这个人做店长的能力是超群的。

也是在 20 世纪 80 年代后半期，日本进入泡沫经济时期，各家企业对应届毕业生的需求剧增。到了 1991 年末的时候，泡沫经济开始崩溃，毕业生的就职状况趋于稳定，大学生成为了我们雇用员工的主要部分，其中也有不少名校毕业的学生。我记得招大学毕业生最多的一年是招了差不多60人。

因为公司是由人构成的，所以实际招聘的时候，我们没有把宣讲这一环节委托给外人来做。我当时担任社长，和人事部长两个人搭档，花了4~6个月召开了12次企业宣讲会，为的就是扩大我们的知名度。我自己讲1小时，然后由大家提问我来解答，丝毫没有觉得厌烦。

那些希望参加我们招聘考试的学生，首次考试的内容是由专业招聘公司提供的能够考量和判断测试者与职位匹配度的专门试卷。通过这个测试，我们能够从中选拔出符合我们业务要求的学生，然后进入面试环节。面试官通常是社长、董事、人事部长等3至4人。通过了首轮面试的求职者，会进入到下一轮的社长面试。

所以，我们会安排公司的高层亲眼看一看将来有望进入公司的员工。只有通过这个环节，才能让高层大致了解新员工的基本情况。如果新员工进入公司后，高层领导都不知道员工的名字和长相，就会不了解员工到底是个怎样的人。董事会成员也要在员工面试环节和员工见好几次面，这样才能保证大家互相认识。

我在社长面试环节时尤为看重两点。首先，求职者是否适合我们的业务。通过笔试和首轮面试其实可以了解个大概，所以在此基础上，我还要再好好观察他们一下。其次，我会询问他们的家庭背景。如果求职者来自一个做生意的家庭，或者是家里是开公司的，那么即使综合成绩稍微低那么 1 ~ 2 个档，我也会录用他们。因为我小时候就是生活在这种环境中，近距离看着身边的大人是如何接待顾客的。所以，对于自小就对做买卖有过长期切身体验的人，就是我们需要的强者。

2. 入社第一年的员工培训

有趣的是，作为新人培训的一环，公司从社长到董事会成员以及人事部长，各自担任了负责组的组长。每月开展一次学习交流会。各个小组可以围绕任何主题展开活动，参观美术馆也好，四处寻店品鉴美食也好，主题完全自由选择。新员工可以按照自己的喜好来决定参加哪个小组。这表面上是学习交流会，但实际目的是增加新员工在进公司头一年能有和公司高层领导之间交流的机会。

我当时负责的小组搞的活动是读书会。围绕读哪一本书，我和员工都可以提出自己的看法。记得当时共同商定阅读的第一本书是法国小说家莫泊桑的短篇小说《项链》。之后还选过三岛由纪夫的《金阁寺》，法国女作家弗朗索瓦丝·萨冈的《你好，忧愁》等。我们并没有把选择范围固定在与公司业务相关的书上面，而是任何书都可以成为选项之一。每读完一本书之后，每个人都要发表一下感想。读书会结束之后成员会聚餐，以此加深交流。

为了增加和员工交流的机会,我在盂兰盆节和年末的时候一定会亲自去卖场和员工打招呼。这个时候我就有机会和提前来到卖场准备上班的员工一起吃个饭。总有一天公司里的员工数量会变得非常多,到了那个时候,对每个人来说都很难扩大现有的交际圈了。因此我特意做的这些就是为了保证大家能够多交流、多互相学习。这样一来,公司每个员工的情况我大致都能做到心中有数。

3. 创造能够提高专业知识的学习环境

面向新员工,我们每月都会举办一次专业培训。鉴于超市工作环境的特殊性,员工必须熟悉所有商品的相关知识,所以我就请来了商品方面的专家来为新员工讲课。就拿巧克力为例,我请来了明治研究所的专家来为员工讲授有关可可豆的基础知识以及各产地可可豆制成巧克力的味道等比较基础的课程。

除此之外,我还请到了大学老师来为我们的新员工授课。来自东京海洋大学的崎浦利之客座教授为我们讲授了鱼类相关课程,东京农业大学的教授为我们讲授了关于水果方面的知识。同时我们也鼓励员工前往海外进行相关业务的学习,比如我们搞了一个项目是前往丹麦的奶酪学校进行为期两周的现场学习。

对于成城石井来说,专业知识占据绝对重要的位置。不仅是采购人和部门负责人,卖场里的所有员工都要掌握某一方面的专业知识。我希望我们的卖场能够成为专家的集合体。所以,我们并没有要求员工自学,而是通过公司的人脉和资金等资源,认真设置一个能为员工提供深入学习机会的场所和营造良好的学习环境。

4. 打造专业的收银团队

为了培训收银部门的员工,我们也是下了大功夫。一个超市中和顾客直接接触最多的就是收银部门的员工,其重要性可想而知。但是我们常常会接到顾客的投诉,说收银员工的工作质量有待提高。所以,提高他们的专业性和服务质量,就成了成城石井的课题之一。

抱着提高收银部门员工整体水平的决心,我们去拜访了其他超市,学习他们的收银员是如何和顾客打招呼的。我们还咨询了当时日本自助服务协会(现在的日本超市协会)的井上林平先生,围绕如何提高收银的技巧和态度礼仪等问题,得到了井上老师细致全面的指导。

我们的终极目标是把成城石井收银部门的每个员工都培养到有资格、有能力指导其他超市收银员工的水平。在成城石井,虽然他们能够发挥自己的能力，但我也不得不为员工的将来考虑。在日本社会，负责收银的员工大多是女性，为了结婚生子育儿而离职的女性不在少数。对于一名求职者来说，一旦工作经历上出现空白区，就很难重新就职。然而，当她们想要重新回到工作岗位时，如果已经具备了能够作为指导者的能力，那么就可以很快恢复到离职前的工作状态。

为了给员工机会，让他们证明自己虽然离开了工作岗位一段时间，但仍然保持了非常好的技术水准，我会建议员工参加当时日本自助服务协会举办的技能认证考试。这个考试由简至难，分成3级、2级、1级三个等级。在当时那个1级考试每年只有不到20个人能取得合格的年代，成城石井有过一年内4名员工通过合格线的骄人成绩。之后其他超市也开始要求员工参加这个考试了。而且我们还受到其他超市的委托，帮他们做收银方面的培训。

成城石井收银团队的特征之一是，单独设置一名负责把结算好的商品装袋的员工。装袋这项工作，看似简单，实际上其中有很深很复杂的技巧。我们让深泽女士这名优秀的员工做指导教员，在公司内开展技术竞赛和情景小喜剧表演，以此来提高大家的收银技巧。

收银讲究的是"又快又好"，于是成城石井采用了三人收银体制。在收银岗位上，设置了三名员工。上游环节的员工是负责一件一件从筐子里拿出商品并递给中游员工的传递员，中游环节的员工是负责扫码结算的结算员，下游员工也就是装袋员，负责把结算过的商品装进袋子里。三人分工作业，这样就完成了整个收银过程。这样省去了不必要的时间和动作，提高了收银效率。我发现三人配合作业的速度是通常双人作业速度的 1.7 倍。而且，三人分工作业也适用于只有一个收银机的小型超市，另外减少收银机还可以扩大卖场面积，这是一个优点。

5. 薪资体系和评价标准

成城石井的薪资体系是由我学生时代的好友，之前在西友超市担任总务科长的神谷先生设立的。他是成城石井人事部的创始人，是公司人事工作的功臣。他采纳的是本田技研工业株式会社的薪资体系。而且，求职者参加的首轮专业测试也是由神谷先生引入的。

员工奖金相当于营业利润的 32%。这并不是由社长随意判断而得出的数字，直截了当地说，是我们共同决定要把公司接近三分之一的营业利润拿出来作为员工奖金。普通员工的基本工资的形式是"月工资乘以 N 个月"，管理层员工的话就是"(基本工资 + 管理职补贴) 乘以 N 个月"。最高的时候员工奖金能达到 8.5 个月的基本工资那么多。和一般的公司不同，成城石井的管理层员工的奖金会更高一些。

在给营业部的管理层员工支付奖金的时候，评价标准是根据等级来的。评价等级分为A、B、C、D四个等级。其他公司常见的评价等级是五个等级，可是到了成城石井为什么就分成了四个呢？那是因为如果有五个等级的话，就会产生中间的等级，也就是第三等级，也被员工称作"安全等级"。员工认为只要考评能落在中间的等级就可以了，不上不下，不功不过，久而久之就产生了惰性。

但是，当只有四个等级的时候，就不存在中间安全区域了。员工拿到的评价不是偏上就是偏下，因为谁都不想拿到低等级的评分，所以对员工来说这样的评价标准实际上更为严明了。关于评价内容，对店长及店长以上级别的员工的评价并不是基于主观评价，而是根据社长办公室计算出的利润增长率来评定他们各自能被划分到四个等级中的哪个档位。

普通员工由人事考核。然而，考核并不是单纯只按照上层领导的评价，而是会综合考虑来自"上司＋平级同事＋部下"总共3个侧面的评价。基于这些评价，由人事部进行最终判断。如果来自平级同事和部下的评价不太好的话，那么这名员工就会再次接受管理岗的培训，而且公司也有可能重新考虑调整人员配置。

在某种意义上，平时很难对管理部的人员进行评价。但是在公司业绩上涨时期，所有管理部的管理岗人员统一归在B等级。

6. 重视每一名员工

最近大家对"黑心企业"已经司空见惯了。一家企业"黑心"也好不"黑心"也罢，但凡是不重视员工的企业，那么无论它存在于哪个时代，都将是短命企业。无论是怎样的企业，都不应当把员工区别对待，全职员工和兼职员工，都应当一视同仁。虽然员工在工作方式上存在多样性，但是他们的重要性是一样的。是谁推动企业走向成功呢？正是一个又一个勤恳工作的员工。

在成城石井，有全职员工，也有兼职员工，还有勤工俭学的兼职学生，他们都是成城石井重要的员工。在公司制定就业规则的时候，我们用"社员"这个词涵盖了包括正式员工、派遣员工、兼职员工以及勤工俭学的学生员工，做到了一视同仁。

为了保障不同工作性质的员工之间能够达到待遇平等，我们做出了许多努力。兼职员工在 45 岁之前每年都会涨工资，比较优秀的兼职员工还会拿到相当于 3、4 个月工资的奖金。一般员工的奖金标准是 2.8 个月的工资。正因为我们提供了这样不错的待遇，才会出现那些在学生时代就在成城石井兼职，毕业后继续在成城石井做兼职打零工的员工。这其中有不少人后来转为正式员工了。

其实我们并没有太看重员工的学历背景。员工大学毕业也好高中毕业也罢，都享有同样的工资体系，都有升至管理层的机会。之前我认为学历挺重要的，但是后来我认为，只要员工工作能力出色，学历就没那么重要了。我们推崇的是"不问学历，只看能力"的理念。工作出色的人能够升职加薪，工作努力的人应当拿到更高的薪水。这么看来，成城石井是一家追求结果主义的企业。

我认为成城石井非常重视员工的利益。在成城石井，从来不会发生"义务加班"这样损害员工权益的事情。此外我们的薪资待遇在市场上还是很有竞争力的。也许我对员工的重视源自于早些年我还在石井食料品店的时代。在当时的那家小店里，员工之间就像家人一样，相互间有着很深的羁绊。然而我的父亲常常为了自己的私事去使唤店里的员工，却不付给他们相应的报酬，到了支付工资的时候就克扣。这些恶习我都看在眼里，心生厌恶。在我当上社长之后就下意识地去消除这种恶习。

我从小望着父母在店里为了生意忙前忙后、忙里忙外的身影，这在我脑海中刻下了"经营一家店铺是多么不容易"的印象，同时也让我实际感受到自己对员工肩负的责任有多重。在担任成城石井社长期间，我几乎没什么个人交际。为了事业的成功，我放弃了去观看从年轻时就喜欢的歌剧和歌舞伎演出，把自己的爱好"封印"起来。高尔夫也是尽量不打。如果为了生意上的交际需要，那我不得不去，但是我会把打高尔夫的次数压到最低，控制在一年2～3次。也许我这个人就是喜欢做生意吧。但是，我不认为一个公司的社长到处玩乐就能带来公司经营的成功。

7.借助一流专家的力量

成城石井是一家充分认识到信息的价值的企业。因此,我们不惜花重金换取别人手里富有价值的信息和技术,这是我们的一项基本原则。通过支付报酬,来表达我们对专业人士提供价值信息的敬意。

虽然我们从事的是与商品销售相关的行业,但是,为了公司的可持续发展,我们还要学习很多其他知识。遇到不知道的事情也不想搞清楚,凡事都差不多得了,这样的处理方式实在是太危险了。如果抱着糊弄过去的心态来经营事业,那么早晚要出大问题。

那么,究竟要怎么做才好呢?我认为最好的办法就是借助某个领域的一流专业人士来帮助我们。因此,成城石井仰慕各界的一流人士,并请他们来帮助我们,和他们签订了咨询顾问的合同。通过借助他们的力量来强化成城石井的业务。

举一个关于成城石井徽标设计的例子。当时我拜托了年轻时就已结识的画家兼平面设计师泽田重隆先生。泽田先生除了活跃在绘画行业,也在广告业的插图和平面设计,以及书本和杂志的封面和插图等多方面发挥着卓越的才能。

由于设计徽标方面的工作并不是泽田先生的专业之一,所以他一开始拜托专门从事徽标设计工作的朋友来完成这项工作。但是,结果泽田先生并不满意,他认为朋友的作品和成城这个时尚街区风格不符，所以最后泽田先生自己设计出了成城石井的徽标。最初，"成城石井"四个大字是白色的。自从我们开始正式经营葡萄酒业务，根据桥本先生的想法，我们就选取了葡萄酒的酒红色用在字体的颜色上。

关于建筑和店铺内布局，我虽然自己也动脑筋想过，但是开店最初是全部交给桥本邦雄先生来设计的。桥本先生在19岁的时候以优异的成绩毕业于东京美术学校（现在的东京艺术大学），在建筑界做出了许许多多的贡献，不仅经营着一家叫作"建筑计划研究所"的设计公司，而且也是芝浦工业大学的教授。他为纪之国屋的青山旧店铺设计了日本第一家自助式购物的超市布局，名声大振。他经常前往美国参观学习美国的超市建筑形态，可以说是日本超市建筑界的第一人。

我们都是超市行业的新人，对于建筑和内装设计都是外行，所以这方面的工作不得不交给专业人士帮忙处理。最初的时候，从建筑设计到内装、冷库、货架的布局设计全部交给了桥本先生。因为桥本先生曾经帮纪之国屋做过店铺设计，所以他能够直接联系到当时为纪之国屋提供货架的生产厂家，直接帮我们订购了一批货架。

在我们还只有一家店铺的年代，成城石井的员工都还不了解这方面的知识。到了筹备开第二家店的时候，我和桥本先生一起用了21天时间，去美国和欧洲考察了它们的超市是如何设计和布局的。

在日本，酿酒行业的权威是农学博士户冢昭先生。他在研

第五章　成城石井的人事战略 | 131

究、开发、鉴定、指导、建议等各方面都十分活跃。他在 2003 年被授予天皇颁发的紫绶奖章，在 2008 年获得瑞宝小绶奖章。

户冢昭先生曾经在酿造试验所担任过第三研究室的主任。现在这家机构已经更名为"酒类综合研究所"，并曾是国税厅的下属研究机关。在 1988 年，也就是宫泽喜一兼任副总理和大藏省大臣的那一年，为了矫正东京的一级集中趋势，内阁决定把国家机关搬迁到东京以外的地方，导致很多机关被强制迁出东京。其中，东京的酿造试验所被迁至东广岛市，1995 年完成搬迁。但是在 1993 年，户冢昭先生就辞去了酿造试验所的工作，独自成立了一家咨询公司。

于是我们就顺势提出，希望户冢昭先生能够成为成城石井的酒水顾问，帮我们把关葡萄酒、日本酒、威士忌等酒水的品质。酒水知识其实就是化学知识，外行根本没办法来做酒水品质判断的工作，所以我们仰慕专业人士的知识，非常想借助专业人士的力量。后来户冢昭先生和我一起前往葡萄酒产地，完成了许多优质葡萄酒的采购。

另外，在开新店时，为我们提供市场调查服务的松浦先生，以及耐心指导收银技巧的井上林平先生等人，都是我们感谢的对象。

在人的成长过程中，听取别人的建议和看法是非常重要的。最近，越来越多的人表现出对旁人说的话不感兴趣，但是我认为，前辈拥有的智慧是非常宝贵的。我常常对年轻人讲："上了年纪的人只会对 40 岁以下的年轻人提建议。"人在一生中，能接受旁人建议的时间段并不会太长，所以要趁年轻多听各方建议。

National Azabu 酒水部门的负责人濑川先生、经理河合先生、还有纪之国屋智囊团的大沼先生，他们在我年轻的时候面对我的询问，不但没有嫌麻烦，而且还花时间来教给我各种关于经营超市的知识。对于他们的深厚恩情我牢记于心。

能听到别人的建议，本身就是一件难能可贵的事情。成城石井和具备专业能力或技术的专家签订咨询合同，就是为了能够多听他们的想法和建议。在人们花费了时间和劳力才得出的经验技巧上讨价还价，是一件非常荒唐的事情，所以我向来非常痛快，只要对方不开离谱的报价，我都会爽快支付。一流专家拥有的知识、经验、技巧，能够帮助我和我的员工们成长，带领我们走向事业的成功。所谓金钱换不来的无价之宝，我认为就是这些一流专家的知识经验和技巧。

06

第六章
超市的未来

1. 人口减少与目标客户群

在思考未来的日本时，你会从哪一点出发呢？如果是我，我会选择参照人口地图来思考日本的未来，因为人口地图可以显示分属不同年龄段的人口构成比。在日本，人口骤减，老龄化加剧，这已经成为不争的事实。我认为非常有必要参考这个动向和数据，来预测未来的日本社会。

总务省统计局《人口推计》（2015 年）显示，如果以 5 岁为一个划分单位，那么人口最多的年龄层是 40～44 岁和 65～69 岁的这两个年龄层。日本的总人口是 1 亿 2 699 万人。在这些人当中，有 981 万人的年龄在 40～44 岁之间，65～69 岁的人口也达到了 939 万。这两个年龄层的人数大约占据了日本国民总数的 15%。如果按单个年份看每个年龄的人的数量，那么人数最多的前 5 名首先是生于 1949 年，现年 66 岁的群体，之后依次是现年 67 岁、68 岁、65 岁、42 岁的群体。（数据源于 2014 年版《人口推计》）

在人口出生最多的年代，人们的饮食、生活方式、购物动向，都会在一段时期内流行起来，也会变成人们思考问题的基础。

前面提到的这些人，年龄都没有我大。回头看看自己一路走来的足迹，就会猜得到接下来很有可能会发生什么。65~69 岁的时候会发生什么呢？我在 63 岁的时候引退，然后因为年龄和生活方式的变化，饮食也比以前讲究了不少。同时，我变得越来越关注自己的饮食和健康。而且，也开始不怎么买之前工作时用的比如西装之类的东西了。我从自己的经验推测，觉得自己很可能猜中了一些有用的东西，顺着这个动向，我要好好考虑一下今后公司的战略。

现在经济状况不太好，很多年轻人说，自己看不到未来的路，所以就选择就职于风险企业，其中有些人在风险企业赚的钱也不少。但是整体而言，今后大家的工资普遍也不会涨多少了。接下来有一大堆问题等着日本政府去处理，比如养老负担日益加重、医疗费和健康保险等。日本面临着超高龄化社会的压力，完全处于不知未来在何方的状态。

2. 多样化背景下的新理念

不仅是年轻人，今后无论处在哪个年龄层的人都会面临可支配收入的差距被急剧拉大的问题。日本将会迎来一个收入多极分化的时代。在高龄者中，会出现每个月零花钱只有2～3万日元生活节衣缩食的人；也会出现拿着高额养老金，每个月动不动就去打十次高尔夫球的人。后者有着充裕的时间，所以他们会在自己的兴趣爱好和旅行上消费。在购买食材的时候，比起价格，更重视品质。相反，如果是生活处处追求节约的人，那么比起品质，低价才是他们所看重的方面。

在美国，通常有面向高、中、低三个收入阶层的超市，而且商品本身种类也很多。日本将来也会迎来社会多极化的时代，但是目前看来，日本超市基本上都是面向所有收入阶层顾客的超市。这个理念并没有与时俱进，让我觉得很不可思议。

差不多我们也该重新审视自己的目标客户群了，一步步调整自己特有的经营理念，在此基础上打造一个新型超市。时代将会发生巨变，成城石井至少也要慎重考虑一下，在不远的未来，哪些人才是目标客户群。

可惜的是，目前在日本国内完全看不到有任何一家超市正在做这种新的尝试，到处都摆着差不多的商品，提供的都是相似的服务。无论走进哪家超市，客人都觉得很无趣。

实际上，比起早期，现在的成城石井已经变得大众化了，早期的成城石井是为了那些"有钱的人"开的。但是现在这个时代,出现了很多有趣的顾客,比如像那些一旦没有地方可以购物就要叹气的"购物难民"。只要他们肯来成城石井购物,我们就千方百计去满足他们。不过现在还是有一些超市抱着比较坚定的态度,已经锁定好目标客户群,也树立了自己的经营理念,就好像之前的成城石井那样,开设了有专门方向的部门。

3. 追求的是个性

现在,连锁超市开新店的可能性非常高。这样一来,单位面积的平均营业额并不会增加,反而会减少。曾经开在街边和商店街里的水果店、鲜鱼店、精肉店纷纷歇业,同时,超市崛起了,把那些老店所无法拿到手的营业额通通抢到自己的碗里来。这就是超市的成长理论。但是到了现在,超市行业的同行们正在忙于厮杀争抢一块大肥肉。

处于这种状况中的超市,必须要做的事情就是降低店铺单位面积的管理成本。如果营业额没有增长甚至降低了,那么为了提高利润,就必须减少管理成本。与此同时,也不要看到媒体上说哪种商品好卖就统统摆到超市里,而是要考虑到商品的平衡性,把一些不太容易卖出去的东西也摆在店里,这样一定会扩大自己的顾客圈子,广进财源。

在这里我还是想强调一下品类管理的重要性。通过使用ABC分析法可以分析出卖得最好的商品，只要把它们摆在店里，同时减少其他商品，这样一来销售额变高也是有可能的。无论走进哪家店，顾客看到的都是同样的商品，那么他们关心的就只有价格问题了。但是各大超市会忽略经常来光顾的常客，反而通过掀起价格战来吸引新的顾客。显然，对商品目录以及相关商品的深入分析是必不可少的。不仅要有像"红酒配奶酪"这种简单的商品搭配，而且要在统计学的基础上分析商品的分类。

我们通过这个方法，丰富商品种类并仔细分类，认真分析"购物难民"的需求并满足他们。既然顾客来我们店里买东西，就绝对不能让人家空手而归，要给他们提供多个选择。这就需要商品的种类要多到能够达到足够让顾客来挑选的水平才可以，这是我们必须要付出的努力。

简单地说，如果客人想不到"去那家店可以买到×××"，那么客人就不会动身来买。所以，要想想怎么样让默默摆在那里卖不出去的东西变得能卖出去，基本就是要在创意上下功夫。无论是超市本身的理念还是商品的种类，如果没有区别于其他超市的个性，那么在将来就要面临更严峻的形势。

4. 专卖店的抬头

综合大型超市（General Merchandise Store, GMS）的

行业苦战长期被媒体关注。各个公司为了谋求生存，也在尝试各种战略。

以前，中小规模的超市为了对抗日益抬头的综合大型超市，开始追求专门化和个性化。现在，大公司会把顾客的喜好细化然后分析，有针对性地提高服务的专业性。

永旺集团开设了例如酒水专卖店"永旺酒水专卖店"或自行车专卖店"永旺自行车专卖店"等多个专卖店。

还有一家很有意思的公司叫作"角上鱼类"，它们的总部设在新潟县长冈市寺泊町，近几年取得了骄人的成绩。看了这些例子，我们必须要回头考虑的是，作为超市的经营者，一定要勤于学习和更新有关超市的专业知识，不可以懈怠，这是基本要求。如果不经常付出努力却想获得专门领域的知识，那么就会被日益抬头的专卖店抢走生意。

5. 模仿亦是一种权宜之计

个性的塑造，并不是一朝一夕就能完成的，而是一场旷日持久的战斗。白手起家的气概固然值得敬佩，但是如果能找到值得自己借鉴的企业或店铺，学着它们的模式，开始一点一点打造自己的事业，也未尝不可。如果能够模仿学习那些客源充足、业绩很好、已经有了好成果的前辈们，就会提高我们事业成功的概率。

我在开办成城石井之前，探访了青山的纪之国屋和广尾的 National Azabu 等零售行业的优秀前辈，让我收获了很多。我把从那里看到、听到的东西带回成城石井，让成城石井有了大幅成长。

在开店之后，我依然热衷于向那些生意兴隆的店铺学习。为了学习别人家的长处，我参加了海外考察旅行，还举办过类似的活动，因为我意识到国外的零售行业太值得我们学习了。

生意好的店自然有它生意好的理由。是什么在发挥作用？哪一方面我们可以借鉴采用？在从各个角度分析讨论的同时，我们也要模仿着它们。

但是，一定要弄清楚我们要从谁那里学习什么。我在年幼的时候，小田急 OX 超市就开在我家门前。我每天看着它生意兴隆的样子十分羡慕。但如果我当时照搬了它们的模式，就不会有在未来如此成功的成城石井。我决定了要和小田急 OX 超市共同存活在成城这个街区，正是因为当时确定了我们的理念就是要提供配得上成城居民的高品质商品，才没有被动地去模仿谁。

还有一点一定要引起重视，那就是不要"生于模仿，死于模仿"。生意兴隆的店铺之所以生意兴隆，原因就是店老板有能力把这家店的功能发挥到极致。如果敷衍了事，就肯定达不到最理想的效果。所以，即使是从模仿开始，也不要忘记要根据自己的实际情况不断进行调整。这些调整就是个性塑造的根基和前期准备。

如果这种超市的个性能够得到顾客的认可，那么就可以认定，这家企业已经有了独立性。拿成城石井来说，自打顾客认可成城石井商品的力量那一刻起，成城石井就具备了独立性。之后就自然会有顾客说他想住在有成城石井店铺的街区。

这种独立性，不仅适用于成城这个街区，它在很多地方都适用。自从第一家成城店开业以来，我们经过了12年的磨砺，积攒了满满的经营技巧，才开始走上多店铺化的道路。一个店铺的商品，如果能够同时具备高品质和高性价比这两个特性，那么这家店铺就一定会有独立性。

6. 彻底做好数据分析才是立足之本

做好数据管理，能够更好地培养自己的强项，因为从数据中可以一清二楚地了解到公司目前的状况。拿到这些数据并分析它们，就能明确将来要做何种努力，并落实在今后的经营中。

我在引退后，一面支持投资和风险行业，一面又帮助一些陷入困境的企业重振经营。在看了那么多企业的情况之后，我发现，那些出现赤字的公司大多是没有做好数据管理，甚至连"在哪里支出了多少钱"这种细致的问题都没有搞清楚。

不仅是一般公司，甚至连一些上市公司都存在这样的问题。《东洋经济在线》2012年9月18日刊登过一篇题为《日本航空(JAL)因出人意料的成功而备受瞩目，稻盛和夫的右臂——日本航空特别顾问森田先生揭秘阿米巴经营的实情》的报道。这篇报道中出现了这样一句话——"日本航空公司里没人会认真研究数字"。

2010年初，日本航空申请破产保护，负责重振经营的是京瓷会长稻盛和夫先生的右臂、当时出任日本航空副社长的森田直行先生。他还说过，"让我感到不可思议的是他们对利润如此不敏感"，"虽然认真做了预算和飞行计划，但是做好之后就只是单纯按计划实行了，他们关心的只有飞机是不是按照飞行计划飞行了"。

前期编制预算的目的并不是单纯直接决定一个预算然后按照它来实行。其实预算是企业为了追求利润而设立的指标之一。如果搞不清这一点，就会走上一条艰难的路。本来预算这个东西就不是一旦定死了就不能改的东西，聪明的做法是，根据景气情况和市场动向来进行相应的改变和调整。

最近经常会突发一些暂时性的热潮。它们也许是被电视上某一类节目炒热的商品，也可能是国内外某个名人在社交网络上介绍的某种商品，然后这个东西马上就火起来了。这些东西在各种购物平台上被疯抢，一瞬间帮助商家减轻了不少库存。这时，如果商家沾沾自喜，那就大错特错了，因为很有可能错过了实际上本来可以卖出更多商品的机会。

分析数据的另一个目的是，为了能够快速应对现在的社会变化。日本航空设立了业绩报告会，每月都要对每条账目作出详细的预实差异说明——仔细看数字是非常重要的。

而且，现在大数据成为了社会话题，当今的时代也被人称为"统计的时代"。在研究数据的同时，还要进行统计学分析，把分析的结果反映到品类管理上面来。它的结果对商品布局和陈列的影响自然无需我多说。

成城石井的做法是，并不会提前确定目标预算，而是每周把每个部门的营业额和市场上的平均值作比较，每月检查一次各个店铺的损益表，讨论人时生产性，每小时的平均粗利润，等等，用分析数据的方法来科学检查公司的经营状况。

经营上的问题其实都藏在数据里，与上一年度的数据相比、与竞争对手公司的数据相比等等，从多个角度来思考就能发现许多问题。越早发现问题，造成的损失就越小，所以一定要仔细检查并分析数据。数据就像生鲜食品一样，如果放置久了，就会腐化变质，失去价值。

也许你听说过某一家无论是商品竞争力还是经营理念都很优秀，业绩也很好的公司的社长说"我不太擅长数据分析"或者"数据分析太麻烦了，让财务去做吧"。当他回过神来就会发现经营已经出现问题了。这种例子我听了太多太多了。

既然想好好经营企业就一定要做好数据分析。

7. 无论何时都要保持现场感觉

为了在经营判断上不出错，所谓的现场感觉就非常重要。不懂现场情况，只知道纸上谈兵的人，即使有了好的点子也不会顺利发挥功能。因为这些点子缺乏实际基础,所以无法真正落实到日常的业务和运营活动中。

成城石井善于借助专家的力量,经常听取专家们的建议。但是我知道,一定有人会觉得,直接让他们来帮助成城石井是不是太早了。无论是多么优秀的人才,如果缺乏现场经验,一旦进入现场情境中,他现有的知识和技巧往往就会无法发挥作用。

当一个人有很好的点子时,应当马上前往现场。现场就是肥沃的土壤,有了这些土壤,点子才能诞生价值。如果没有现场经验,怎么可以去指导人家要怎么做,要搬哪个东西呢?往往那些长期从事经营学和市场营销方面的纸面研究人员,实际来到现场工作,通常都是以失败而告终的。其中的道理我想大家都懂。

所以,那些专家充其量只能作为我们的咨询顾问,他们往往是从外部人员角度为我们提供建议,至于如何将提案具体实行,就必须要经过公司内部考虑才能顺利进行。

而且,那些负责数据管理的人,去现场感受一下,有助于他们理解经营数据。如果不了解现场情况,整个人都没有现场感觉,就无法看到数据深处隐藏的信息与问题。

不知道你们有没有过这种经历:在新人时期,你们以POS数据为基础做成资料,交给上司,上司马上就指出"这一点有点奇怪",你们是不是感到很震惊?上司只是简单看了一眼就能看到资料哪里有问题,这是因为上司经验丰富。日常经验积攒多了，养成了眼睛一看到数字就能在心里得出某种结论的能力，有些老员工甚至厉害到凭直觉就能作出判断。

如果具备良好的现场感觉，就能够真实感受到来自现场的数据，马上就能挑出数据中不合理的部分。当人们试着去搞清楚数据奇怪背后的原因，基本上都会发现是现场出了问题。看数据的意义在于，一个是我前面提到的对问题要"早发现早解决"，另一个就是，要想使这些问题可视化，就必须要具备现场感觉。从这里就会构思出迈向下一步的经营战略。

经营人员去现场听取工作人员的声音，也有助于提高现场的活力。仔细听一听现场的声音，对于现场工作人员提出的问题马上就能提供解决对策或者问题反馈，这样的经营人员会获得更多来自现场人员的信任感。反之，如果信息交流不畅，双方群体成为对立关系，那么很有可能导致业绩下滑或者引发不幸事件。

社长的作用之一就是要被员工信赖。如果作为社长却完全没有现场感觉，搞不清状况，就是一个不合格的社长。对于手下带人的管理者来说，这个要求都不为过。越是远离现场，就越要提醒自己不要忘记现场感觉，倾听实际的声音，亲眼看现场的状况，等等。这些行动一定要做起来，一点一点找回自己曾经的现场感觉，绝不可以懈怠。

8. 要做流行的制造者

身为从事零售业的人，不可以认为流行和自己无关。当然，不同的品目和业种会有不同的流行，但如果是一家商品品目众多的超市，在某种程度上来说，紧跟流行就是你的宿命。保持敏感度，了解当下流行些什么，尤其是对我这个年纪的人来说，非常重要。虽然没必要走在流行的最前端，但至少要比竞争对手快半步，这样才有可能走向成功。

举个例子。某个企业要发售一款新商品，在发售前，他们在公司内部花了很长时间开了很多次会，做了很多次尝试，最后终于完成自有品牌的新商品并开始发售。这个时候重要的并不是新商品是否优秀，而是发售的时机对不对。即便它是非常优秀的产品，如果搞错了时机，也有可能卖不出去。黑马商品之所以能够大卖，并不是因为企划者看到了消费者潜在或显性的需求，而是选在了消费者最想要它的时候进行发售，完全符合消费者对它的预期要求，那么商品自然而然就会大卖。

要想对流行敏感，就得好好锻炼一下自己的某种感性认识，这其实和培养现场感觉差不多。如果你也是开超市的，那么你需要掌握商品的深层知识，日常也要时时更新自己现有的知识储备。如果你发现自己的能力有限，那么不妨通过请教专家或者某方面的专业人士来提升自己。

这时就要用到腿脚。我曾经为了寻找到优质的商品，去了全日本那么多地方，也去了国外的不少地方。在现场，一定会发现很多很棒的商品。如果我当时没有走这条路而是天天呆在东京，肯定不会发现这么多好东西。如果不让嗅觉变灵敏，又不到外面去找东西，就很难有机会接触到那么新鲜的好货。我认为，有些超市老板的做法特别蠢，他们让采购员去研究一下批发商带来的东西，就当学习了，自己也不开发新产品。为什么说他们蠢呢？批发商也会给其他店铺提供差不多的商品，如果单纯听他们的，就会发现大家店里卖的东西都差不多，结果就是自己被迫降价，顾客也买不到新产品，对双方都没有好处，所以必须要让自己的采购员亲自去外面开发新商品。现在看看电视节目就能知道日本各地大概有什么食品，所以去当地的百货店肯定能买到想开发的新商品。现在的成城石井逐渐采用了这种方式去采购。

一般来说，各个部门都有自己的采购员。但是为了采购到品质上乘的商品，我们把这些采购员召集起来，成立了一个新的团队，统一管理，派他们去日本全国甚至海外国家做专门采购。对于他们来说，不是总有亲自去产地采购的机会，但是如果只关心自己部门的东西却忽视了这片地区其他的名产，实在是太浪费了。抛开部门的束缚，让每个部门的员工都行动起来，比如说提前一步找到农协将会向大众热心推荐的"希望产地"等，对丰富我们的商品有很大的益处。我们付出的这种努力是很有意义的。

单纯追逐流行是远远不够的，一定要走在顾客前面，不可以被动等待下一个流行出现。虽然还没有明确意识到下一个流行是什么，但是"想要这种东西啊""想买这种东西"所指的物品或者服务，无论在哪个时代都确实存在。于是，聪明人会把这些想法变成实体形态，这就是创造流行。

实际上，要想预测下一个流行趋势并不是一件简单的事情，但可以在某种程度上预估下一波流行的大致方向。现在的潮流是什么样的？从哪里刮来怎样的风？对哪个方向会有波及？商家可以锻炼一下对这些问题的理解力。

作为练习，可以做一下动向预测。当你看到一个流行事物的时候，不要只是简单说了句"好棒"或者"没兴趣"就结束了，而是要考虑多方面的数据，进而预测下一波会是怎样的情况。尽量具体地预测1年后或2年后的情形，制作一张流程图，方便日后思考。之后再回头重新看一看，当时自己的预测或者推论的方向性是否妥当？如果差得比较远，就要思考是不是哪里错了，受什么影响了，整理并归纳问题所在，下一次预测的精准度就会提高。

成城石井在筹划家常熟菜业务时，提前分析了家庭餐厅获得高人气的背景，分析了它的理由。然而，谁能料到，这一分析却变成了契机。第一次石油危机爆发→工薪族收入减少→家庭主妇开始打零工→做饭时间减少→家庭餐厅生意兴隆，就是依据这样一条逻辑，我们才推导出熟菜需求量变大的结果。

在车站内开店的时候，也正是便利店兴起的时候，我们预测到将来的超市在保持大型化的同时，也会逐渐变得"麻雀虽小,五脏俱全"。

对于零售行业的人来说,读懂时代的浪潮,看懂今后的风向,都是必不可少的能力。我们不仅要追逐流行,更要制造流行。

9. 如果迷茫,就选最难的路

社长的工作之一就是做决定。在经营上作出判断是常有的事,但是也避免不了每天都要面对人事、财务等方面的问题。在企业里,不仅是社长,无论你身处何职,每天都不得不做各种各样的决定。其中既有很容易决定的事情,也会有棘手的问题。

但是我没有做过所谓的"决断"。为什么呢?因为如果有正确的数据或信息,那么答案就会自动产生,就没有必要让我来做决断了。

我不做决断的另一个理由是,我对自己的要求是"如果陷入迷茫,那就选择最难的一条路"。如果我眼前摆着两条路,一条简单的路,一条难的路,但是当我还是无法决定走哪条路时,就一定要选较难的那条。日本有句俗语"水往低处流,人往易处游",意思是如果人们放纵自己,就会陷入贪图享乐的境地。困难重重的的道路会让人感到不安,所以人们会遵从本性避开难走的道路。但是,如果就这么纵容自己,那么今后无论经过多长时间都不会让自己有所成长。要想提升自己的才能,或者说扩大公司的规模,就硬要逼自己去选那条难走的路。成城石井尝试了那么多新的挑战,理由就是这个。

对做买卖的人来说,那条简单的路就是无视顾客的想法,一味自己赚钱。我们成城石井做生意,图的就是让顾客开心,如果懒得从顾客的角度出发,失去了顾客的信赖,就违背了我们的本心。因此,我要求自己绝对不可以稀里糊涂挑选一条简单的道路敷衍了事。

就拿成城石井最早开始出售"刚好可以喝的葡萄酒"的故事来说吧。大多数葡萄酒在装瓶的时候并没有完全熟成。葡萄酒根据不同的品种和年份,在装瓶完成后要等好几年,有些甚至要过十几年的漫长岁月才能酝酿出最适合入口的味道。其实,把那些还没有完全熟成的葡萄酒采购回来直接摆在店里出售也不是不可以,但是如果站在顾客的立场来看,肯定是希望在超市里能够买到开瓶就有好味道的商品。

在当时,葡萄酒并不像今天这么普及,顾客也没有能力分辨买到的葡萄酒是不是能够马上就可以喝的。而且当时很少家庭中会有酒柜,所以也没有条件在家里让它慢慢熟成。别的超市未必像我们成城石井这么照顾顾客,它们会把还不到饮用季节的葡萄酒摆出来卖,因为没人说不能这么干。

为了替顾客把葡萄酒保存到刚好可以享用的时候,在这数年到十几年间,我们严格管理仓库的温度和湿度,检查它们的品质。同时,葡萄酒占着我们的库存,这可是一笔不小的开支,而且很费功夫。无论哪个企业都不会为顾客贴这么多钱,费这么大劲做这么多的。

但是我坚持认为成城石井就应该在店铺里摆放优质的商品。我们自己有能力替顾客判断哪些葡萄酒处在最好喝的阶段，而且有义务告知顾客这一点，这是成城石井的责任。我们毫不犹豫选择了这条艰苦的道路。当然，我们也预测到了这些辛苦的付出会带来事业上的成功。

结果，葡萄酒成为了成城石井的代表性商品。人们评价我们的葡萄酒品质好、味道棒，甚至有很多远道而来的顾客买我们的葡萄酒。葡萄酒成了不折不扣的人气商品，销量迅速增长。这是当初如果选择了简单的道路就无法获得的成果。

如果在进行判断时迷茫了，那就选择更难的那条路。这个想法也许会成为开辟未来事业的启示。

终章

一路走来，我与成城石井并肩作战，经历了30年漫长的岁月。虽有不舍，但是一下子离开成城石井之后，说实话，我真的再也不想涉足超市经营了，实在是太辛苦了。

其实任何一个公司都是这样，社长为了整个公司的发展都有着操不完的心，这也是没有办法的事。社长通常会为公司提前想好接下来的发展规划，每天脑子里想的都是接下来公司要做什么。而且，超市行业有它的特殊之处，我必须要把控每一种商品的情况。每个部门都是在我手上发展起来的，每个部门都和我有千丝万缕的联系，正如"粉身碎骨"这个词所表达的，我在公司的经营和业务上，已经付出了一切。在引退之前，我一直对这一点都没有什么特别的感受，但是随着时间流逝，我才发现，原来自己无论是在精神上还是肉体上，都承受着相当大的压力。

我感到自己在经营上已经尽力了，但是如果非要让我说，唯一后悔的事情是什么，那我觉得应该是，我没有找到一个优秀的后继者。我一手把成城石井带大做强，花的时间并不长，只有差不多30年的时间。所以当成城石井被收购的时候，即使是公司里元老级别的员工也只有40几岁，非常年轻。然而这个年纪的人即便再优秀，也没有足够的知识储备和魄力来胜任成城石井的经营。其实我原本打算从这些成城石井一手培养起来的员工中挑选出合适的后继者，希望能够安心地把成城石井托付给他，但是现实就是，我的计划落空了。

引退后，我终于可以把那些曾经为了工作不得不封印起来的兴趣爱好释放出来了。比如，每个月去打五六次高尔夫，每个月去剧场看一两次歌剧，偶尔也去旅行，享受着退休生活。

我从以前那种一心向前冲的生活中解放出来，生活变得悠闲，看到的景色也和以前看到的不一样。我重新审视了过去的事情，写下了内心的想法，最终有了这本书。我把成城石井从创立到发展起来的过程全写在了这本书里。

我在年轻的时候，向前辈请教了很多问题，对我的事业有了很大帮助。然而我现在也成为了别人的前辈，有了可以自由支配的时间，所以，如果有哪位读者想了解更多细节，我愿单独为您耐心解答。实际上，我在引退之后，也帮助过一些经营不善的超市，通过和负责人沟通商谈，帮助它们重振旗鼓。

自从我于2004年引退以来，已经过去十多年了，所以这本书里难免会出现一些过时的言论，但还是希望能为零售行业的同仁们带来帮助和启发。如果有幸能得知大家在阅读本书后有所感触，甚至由此开辟出新的道路，为零售业注入新的活力，那么鄙人此生再无遗憾。

年谱

1927年	作者父亲 石井隆吉在东京世田谷区成城町开了一家食料品店。
1950年	食料品店变更为"株式会社石井食料品"。
1973年	32岁的石井良明成为公司董事长。
1976年	公司名称变更为"株式会社成城石井",旗下首家超市成城店开业。
1980年	设立家常熟菜部门。
1984年	首次直接进口德国葡萄酒,开始了进口批发业务。
1988年	第二家超市 青叶台店开业。
1993年	青叶台店的卫星店——占地面积70坪的首家迷你超市成濑店开业。

1994年	第三家超市 市尾店开业。
1995年	旗下首家出售折扣酒水的便利店博马革新（Bon Magasin）美丘店开业。
1996年	旗下首家开在商业区的店铺，也是第二家迷你超市翰式（HANDS）町田店开业； 自社熟菜工场的首家中央厨房在南町田设立。
1997年	首次进驻百货店，位于皇后广场（Queens Square）横滨的东急百货店内，含生鲜折扣区的横滨店开业； 首家开在JR站内的便利店，位于JR惠比寿站的站内大楼的惠比寿店开业； 开始提倡"站内店铺"； 位于JR大宫站的车站大楼LUMINE大宫内部的站内便利店LUMINE大宫店开业。
1998年	位于JR横滨站的车站大楼LUMINE横滨内部的站内便利店LUMINE横滨店开业； 第三家迷你超市，站内便利店LUMINE大仓山店开业； 位于JR立川站的车站大楼LUMINE立川内部的站内便利店立川店开业。
1999年	位于新横滨店西武普林赛斯佩佩（Princess Pepe）内，首次实现生鲜3品的组合的新横滨店开业； 八重洲口店开业； 位于JR町田站的车站大楼LUMINE町田内部的站

内便利店町田店开业；

位于JR品川站内，以便利店形式的经营首家特许经销店，品川店开业。

2000年	东急东横店开业； 同样模式的宇都宫帕西奥（PACEO）店开业； 舞滨的SC舞滨伊克斯皮阿里（IKSPIARI）内的便利店形式的舞滨伊克斯皮阿里店开业。
2001年	位于大井町车站大楼的站内便利店大井町店开业； 位于JR取手站的车站大楼内部的站内便利店博克斯希尔（ボックスヒル）取手店开业； 位于JR新宿站的车站大楼LUMINE新宿内部的站内便利店新宿店开业； 开在永旺大和SC内的购物中心的首个便利店大和店开业； 位于大井町车站大楼的站内便利店大井町店开业； 位于JR东京站内的站内便利店大门（グランゲート）东京站店开业； 首次进军关西地区，在阪急梅田站内以特许经销形式的站内便利店梅田店开业。
2003年	第四家超市形式的东京巨蛋店开业； 东大阪站地下街的特许经销形式的怀蒂（Whitty）店开业； 近铁上本町的特许经销形式的站内便利店——上本町店开业；

	近铁阿倍野桥站的特许经销形式的阿倍野店开业；
	通过阪急公司的介绍，在梅田地下 SC、三番街店开业；
2004年	位于 JR 东日本川越站的车站大楼 LUMINE 川越内部的站内便利店川越店开业；
	位于 JR 东日本北千住站的车站大楼 LUMINE 北千住内部的站内便利店北千住店开业；
	位于 JR 东海名古屋站内的名古屋站广小路口店开业；
	位于 JR 东茅崎站的车站大楼茅崎拉斯加（LASKA）内部的站内便利店茅崎店开业；
	10 月，成城石井被 REINS International Inc. 收购，退出经营第一线。